幼儿教师追求幸福的方法

余胜兰 著

中国轻工业出版社

图书在版编目（CIP）数据

幼儿教师追求幸福的方法/余胜兰著.—北京：中国轻工业出版社，2017.12（2023.8重印）

ISBN 978-7-5184-1780-3

Ⅰ.①幼⋯　Ⅱ.①余⋯　Ⅲ.①幼教人员－师资培养　Ⅳ.①G615

中国版本图书馆CIP数据核字（2017）第311995号

责任编辑：王慧超
策划编辑：吴　红　　　　责任终审：杜文勇
责任校对：刘志颖　　　　责任监印：吴维斌

出版发行：中国轻工业出版社（北京东长安街6号，邮编：100740）

印　　刷：三河市鑫金马印装有限公司

经　　销：各地新华书店

版　　次：2023年8月第1版第3次印刷

开　　本：710×1000　1/16　印张：14.25

字　　数：135千字

印　　数：7001—9000

书　　号：ISBN 978-7-5184-1780-3　定价：42.00元

读者热线：010-65181109，65262933

发行电话：010-85119832　传真：010-85113293

网　　址：http://www.chlip.com.cn　http://www.wqedu.com

电子信箱：1012305542@qq.com

如发现图书残缺请拨打读者热线联系调换

171240Y1X101ZBW

卷首语

我 的 梦

爱心育人,
我的梦,
我一生追寻的梦。
曾记得:
幼小的我,
在那偏僻的小山村,
播下了这颗种子,
这颗让我奋斗一生、
让我幸福一生的种子。

我家对面,
就是一所小学校。
没上学的我,
常常趴在教室窗台,
聆听老师唱歌。
"唱支山歌给党听,
我把党来比母亲……"
那首让我永生难忘的歌。
老师的歌声好动听,
扎着马尾辫的老师,
在我幼小的心灵里,

宛如天使，
长大了我也当老师。

爱心育人，
我的梦，
我一生追寻的梦。
我的爸爸是一名中学老师，
每每探假，
总带着厚厚的教科书本，
又常常备课到夜深人静。
在神圣的三尺讲台，
勤奋耕耘，
坚守着，
爱的教育。
爸爸的优秀与智慧，
坚韧与忠诚，
深深激荡着——
我幼小的心灵；
浓烈熏陶着——
我纯洁的心田。
长大了我也当老师，
追寻我的教育梦。

爱心育人，
我的梦，
我一生追寻的梦。

幼师——

我的梦，

在这儿孕育。

难忘的文三路旁，

记录着老师辛勤培育的

汗水；

教室里，

回荡着老师手把手敲击琴键的

余音；

练功房里，

留下老师指导压腿的

倩影。

梦想着——

孩子们，

花儿般的笑脸，

智慧火花的绽放，

而我，

就是那护花使者。

爱心育人，

我的梦，

我一生追寻的梦。

千岛湖——

我的梦，

在那片贫瘠的土地上生长。

为孩子智慧成长，

殚精竭虑；
为孩子快乐幸福，
探求真谛。
三十个冬去春来，
一万个日出日落，
爱心育人的梦，
播撒在这片淳朴的土地。
优秀教师，
特级教师……
鲜花、掌声，
接踵而至的荣誉，
使我——
备感党的关怀与温暖，
享受着追寻教育梦想，
赠予我的快乐幸福，
坚定着对教育梦的追寻。

爱心育人，
我的梦，
我一生追寻的梦。
不惑之年，
有幸登临江干，
这片充满诗情画意的
城东绿洲，
有幸加入这个
充满激情的团队。

这儿有：

豁达睿智的领导。

"慢慢来，不着急，欢迎你！"

九字叮嘱，

如一缕春风，

沐浴在我的心田。

这儿有：

热忱奋发的同事，

"我帮你，一起走，多指导。"

尊重、友善、宽容，

让我感受家一般的温馨。

"活力校园，幸福教育"

如钱江澎湃潮涌，

激起我心底激情的爱心浪花；

生命如歌，

追逐梦想，

似一曲高亢奋进的歌；

抬头乐干，

爱心育人，

我一生追寻的梦。

在这片充满活力与幸福的土地上，

插上双翅，

自由翱翔！

（作者：余胜兰，曾荣获浙江省杭州市江干区"'中国梦教育梦'教师诗歌创作比赛"一等奖）

推荐序一

现在论幸福的书已经汗牛充栋，论教师幸福的书也五车难载，但是论幼儿教师幸福的书并不多，而能够深入幼教一线30多年、以自己的丰富体验为基础而论幼儿教师幸福的书，就更加稀有了。这是我阅读余胜兰这本著作的最初感受。

没有什么比幸福更值得让我们去追求的了。古希腊哲学家亚里士多德认为，幸福是人类的终极目标。怎么理解呢？比如，我们吃饭、运动是为了健康，健康是为了更好地学习、劳动、创造，那创造是为了什么？为了这个世界更丰富，最终实现人生的幸福。

以这样的思路追问幸福，那幸福就是人的目的性自由实现时的生存状态，就是说幸福是一种生存状态，一种美好的生活状态。这种状态是怎么来的呢？与人的目的性自由实现有关。"吃饭是为了活着，而活着并不是为了吃饭"，说的就是人生需要有目的和理想；而"自由实现"，按康德的解释就是"目的性与合规律性的统一"，就是说人生需要有目的、理想，但目的、理想实现的前提是把握事物发展的规律。只有把握了规律，人的目的、理想才有可能实现，人才能获得"自由"。借助辛勤的劳动，这种"可能"转化为"现实"。所以，人类追求幸福的历史，就是由"确立理想""把握规律""勤奋努力""获得幸福"这些环节循环往复构成的，而每一个环节都是幸福的体验，它是推动人生不断向上的支撑。明白了这一点，就明白了我们其实都走在追求幸福的路上。区别只在于，好多人意识不到或者走偏了。所以幸福是需要能力的。

做幼儿教育的人要有幸福的能力。这一点我们必须明白,因为我们的幸福比别人的幸福更重要。我们是陪伴孩子、教育孩子的。我们认定,让孩子有幸福完整的童年是幼儿教育的重要目标;我们认定,教育者不能把自己没有的东西授予受教育者。这就决定了我们必须要有幸福的能力。

我们的幸福首先属于我们自己,这就是"幸福的主体价值",在幼教工作中表现为一种发自内心的"认同",也就是余胜兰在这本著作里作为"主线"的幸福观:"爱心育人,我一生追寻的梦""以审美的态度去享受工作""培养对教育工作的'真兴趣'""为实现内在价值而快乐地工作"。这是一种境界:幼教是我们的一份工作,工作的过程又是我们体验幸福的过程。

同时,这样的幸福也属于幼教,这就是"幸福的工具价值"。就是说,幼儿教师的幸福感是具有教育价值的。我们都知道孩子是稚嫩的,又是敏感的;是依恋的,又是易受感染的;我们也知道幼儿教育的过程充满情境性,充满了人际互动。这些特点决定了在教育过程中,幼儿教师的情绪状态是一种重要的教育元素。优质的幼儿教育就是让幼儿在适宜的环境里自由、欢畅地游戏,活泼、自信地表达,无拘无束地发问和探寻,也就是陶行知所说的"使个个幼儿都能享受幼稚园的幸福"的那种教育。那么,作为陪伴他们的"重要他人",幼儿教师也应该是充满幸福感的。幼儿教师要发自内心地理解和尊重幼儿的天性,由衷地赞叹和欣赏幼儿的天真,要对幼儿投以鼓励的微笑和期待的目光。只有这样,幼儿在他们周围才有安全感、畅快感、被支持感,而幼儿教师又能从这种关系中获得更多的幸福感。教育现场的幸福就是这样在相互传递和感染中被无限地放大。

所以,在幼儿教育这个领域,幸福从教,不是你愿不愿意的问题,而是一种必须具备的能力!过幸福的幼教生活也应该成为幼儿教师的一种专业操守,满怀幸福也应该成为幼教专业的价值取向。因为幸福不仅是幼儿教师的主体应然,也是幼教的专业需要。

那么，幼儿教师的幸福从哪里来？余胜兰在这本著作里以自己的体验向我们展示了她的多元幸福经，比如，人际关系的、家庭和谐的、生活情趣的等，但贯穿其中的主线始终是幼教专业的。

幼儿教师是一种专业角色，因此，其幸福的源头也在此。因为唯有专业，才有"自我效能感"，内心才会充满价值感。丰富的幼教专业知识和实践经验相融合，才能结出智慧和灵性之果；面对幼教现场的问题能迅捷、流畅地处理，得心应手；即使保教行为被问一个彻底，也能站得住脚。所以专业的幼儿教师一定是幸福的，幸福的幼儿教师一定是专业的。

这就自然地推导出一个结论：我们在谈论如何更专业，也就是在谈论如何更幸福；一切让我们更专业的努力，也就是让我们更幸福的努力。这就是余胜兰所感悟到的："教师幸福人生的营造有助于教师的专业成长；教师专业素养的提高又有助于教师幸福指数的提升"。

比如，"读懂孩子"，这是衡量幼儿教师专业性最重要的因素。关于幼儿教育的目的和理想都是基于孩子是怎样学习和发展的，也就是建筑在"把握规律"的基础之上。能"从孩子的明眸里悟出名堂"，幼儿教师的工作才有可能得心应手。所以，蒙台梭利说："当教师感到自己是受兴趣的驱使而'看到'儿童的精神现象，并体验到宁静的快乐和不可遏制的观察欲望时，那么，她就会明白她正'步入正堂'。"

比如，"永葆童心"，这是幼儿教师专业性的重要体现。"有弄性而无方品"，童心永存才能走进孩子的心灵。哪怕我们成熟了，我们仍需要童心未泯，仍要有与孩子一样的纯真与快乐。余胜兰深情地说："上苍给予了幼儿教师得天独厚的与童年为伴的条件与机会，我们要懂得珍惜。"

比如，"理解琐碎"，这也是幼儿教师专业性的重要体现。幼儿教师的工作是平凡而烦琐的，倘若我们只体验到琐碎和烦扰，那就苦海无边了。"平凡的圣化妙道宽广"，什么是圣化？就是看到了琐碎中的"意义"。禅宗讲"担水砍柴，无非妙道"。相信某种妙道的人，相信日常琐碎之举都是在践行

"道"的人，会让担水砍柴也变得神圣起来。幼教中的琐碎一旦能与孩子的成长相连，那么就会变得崇高而伟大。

比如，"幼教研究"，这是幼儿教师专业化最重要的途径。研究才能让我们"把握规律"——孩子成长的规律和幼教的规律。幼教中的"问题"可能让我们不幸福，但研究就是切入问题、剖析问题和解决问题。余胜兰说"本书的写作过程很顺畅，一气呵成，思绪非常活跃"，我们能从中感受到她研究的幸福。诸如此类，这些让幼儿教师变得更专业的话题，都是引领幼儿教师获得幸福的话题。

幼教是面向未来的事业。在通向未来的路上，我们肯定还会遇到各种问题，遇到各种不如意，但我们有信仰，我们有理想，我们在不断地读懂儿童，我们努力耕耘，这个过程本身是幸福的，而幸福的人会走得更远。

感谢余胜兰给我们奉献了这朵幸福之花。让我们在幼教的园地里携手，怀揣理想守到麦田金黄。

浙江师范大学杭州幼儿师范学院教授　步社民
2017年11月于杭州

推荐序二

一个偶然的机会，我认识了学前教育专家、特级教师余胜兰老师。她给我的第一印象是乐观、阳光、亲和、自信。甜美微笑的面容如浸泡了蜜汁似的，她全身每个细胞仿佛都充满幸福的因子，回荡着快乐的旋律。

或许是因为在人生观、价值观上有诸多共鸣，后来，我们经常通过文字进行交流，我偶尔也会受余胜兰老师之邀去参加她组织的教师培训、学术沙龙等活动，做讲座和点评。这让我进一步了解了余胜兰老师的为人处世与对事业的执着追求。

她是那样勤奋上进，如一台加足了动力的机器，在学前教育阵地孜孜不倦。她在学前教育领域专业学识的造诣之深，令人敬佩；可她做人低调、淡泊名利、心性善良、包容豁达，第一时间首先想到的是他人，与领导、同事相互尊重、融洽共事；与家人友善理解、智慧相处……

大半生耕耘在学前教育这片土地上的她，积累了丰富而有价值的宝贵经验。余胜兰老师的著作《幼儿教师追求幸福的方法》即将问世。我有幸成为她的第一个读者，一口气读完初稿，我为之震撼与感动。我认为这是国内出自教育第一线成长专家之手的又一本接地气的佳作，是一本让人亢奋并产生共鸣的好书。幸福人生，是每个人的人生主题；幸福人生，也是人们一生追寻的目标。余胜兰以她的人生经历告诉我们，怎样做一名幸福的幼儿教师，如何实现职业幸福感。教师的职业幸福来自教师本身的价值体现，来自爱的过程，又是教师永远追求的一种状态。只要具备积极健康的心态，其实每个人都可以成为具有职业幸福感的人。伟大的人可以是幸福的人，平凡的人也可以是幸福的人。行走在这本书的字里行间，比对自己的人生，在人生幸福这个大课题上，你一定会有所收获。

余胜兰这部著作详尽地阐述了如何培养感受幸福的能力。感受幸福是一种能力，余胜兰老师以独特的眼光与敏锐的洞察力，提出幼儿教师如何在工作中培养"真兴趣"，锤炼教育的"真能力"；如何以审美的态度享受工作；如何在教育研究中获得幸福感；如何追求德艺双馨的工作状态，体验感悟幸福。要像作者那样，对教育工作倾心投入，"抬头乐干"，提高自己的教育"真功夫"，才能感受到幸福。

把"爱心育人"作为一种职业信仰来实践。"有信仰的人最富有"，"信仰就是力量"。余胜兰老师说："纯净正确的信仰，就是人生的导航。"生活有了信仰，就有勇气面对一切困难与压力；家庭有了信仰，就能精神相通、理念一致；事业有了信仰，就会有远大的理想，并为实现自己的理想努力去践行。信仰是人生最高价值的目标，是人类精神生命和人生幸福的最终依托。作者从最初"爱心育人"的信念上升为一种职业信仰，这是她在30多年的教育岗位上锤炼出来的一份经验的总结，是她人生的宝贵财富。

热爱生活，享受生命，体现在爱国家、爱社会、爱他人、爱事业上，也体现在爱家庭、爱自己上。珍惜品味每一个美好瞬间而获得幸福的体验，是本书的又一个亮点。余胜兰老师精心打理家庭生活、打造舒适环境、营造和谐家风，充分享受幸福港湾的甜蜜；注重修身养性，提高生活的情趣，做有品位的知性女人，体验创意生活带来的幸福；融入自然，吸收大自然的灵气精华，不断提升自身对美的感受力。余胜兰老师说："爱生活，会生活，享受生活中的幸福与美好，才是完整的人生。"一个会享受生命的人才有幸福感可言。而幼儿教师的职业幸福感以及自身体验幸福能力的锻炼，终究离不开享受生命这个话题。余胜兰老师以自己的切身体验与实践感悟，呈现了丰富多彩的幸福画面，列举事例真切感人，饱含爱的情怀。

大量金子般的闪光案例与精彩点评，让这部作品生动形象又有可读性。余胜兰老师在"爱是细心的呵护"一节中选用了《一枚好运金币》这篇教育故事。故事讲了小姑娘萱萱在学校丢了一枚心爱的巧克力金币，而这枚金币是象征萱萱新的一年好运和幸福的金币。萱宝贝撕心裂肺的哭声揪着老师的心，放学后，老师去超市买了同样的一枚金币，特意送到萱萱家里，告诉她金币找到了。当老师把好运金币递到萱萱面前时，小姑娘的眼睛顿时发出亮光，红红的小脸上开出了一朵花……

老师的智慧做法圆了小姑娘天真灿烂的梦。余胜兰老师是这样点评的：什么是呵护童心？什么是蹲下身来、倾听童声？我想这不仅仅是一句空头口号。面对孩子身上所发生的一些看似平常的小事，能够想孩子所想，急孩子所急，真正从孩子的角度思考，抚慰孩子的心灵，让孩子的童年充满爱的回忆……你会发现你正走进童心，职业幸福感就会油然而生。全书像这样闪光的案例与精彩点评不胜枚举。而对于幼儿教师日常碰到的困惑，余胜兰老师的智慧剖析与精妙提示，对初涉幼教岗位的教师来说是难得的指导；对从事学前教育多年的教师来说也是提升自己"真能力"的一份"百度地图"，它无疑可以作为幼儿教师的案头"词典"。

这本书内容生动，文笔流畅，通俗易懂，案例丰富，可见余胜兰对学前教育的领悟之深、学识之广、专业之精。感谢余胜兰老师第一时间让我阅读这本有价值、有看点的作品，预祝余胜兰老师写出更多高质量的书。

民间文学作家　李士根
2017 年 8 月

前　言

如何获得幸福人生，是每个人生命中最重要的主题，它需要我们用一生的努力去探索。那么，为什么要探寻幸福人生呢？

首先，人作为生命的最高贵存在，其本身就有至高无上的价值，它意味着每个人的自由、解放、发展和幸福本身。无论你是一个伟大的人，还是一个平凡的人，你都有着无须证明的价值、有着自满自足的价值。哲学家周国平先生说："自己未曾找到伟大的幸福的人，无权要求别人拒绝平凡的幸福。自己已经找到伟大的幸福的人，无意要求别人拒绝平凡的幸福。"[1]

其次，从社会价值的角度来说，倘若一个社会中有更多的人能够感受到生活的幸福，那么这个社会将会变得更为安全、更为和谐、更为融洽，更有前途和活力。一个能够感受生活幸福的人，一定会珍惜生活、善待自己、友爱他人、奉献社会；相反，一个感受不到生活幸福的人，可能心灰意冷、自暴自弃，甚至仇视他人、敌视社会，成为社会的潜在威胁。

幸福的感觉很微妙，有时你感觉自己很幸福，但没有一个人能够说自己已经拥有了幸福。因为，幸福是一个抽象的概念，它只存在于人的感受中，存在于相信它的人心中。你可以用心去发现它、感受它，也可以在追求中创造它。从这个意义上说，幸福是一种能力。

在撰写本书的过程中，我深刻地感受到：幸福其实很简单，它是心灵不

---

[1] 周国平.愿生命从容［M］.北京：北京十月文艺出版社，2015：42.

断成长、发展、完善的过程。从这个意义上说，幸福本身就存在于我们每个人的身边。然而，为什么依然有那么多人感受不到幸福的存在？并非幸福对人们不公平，而是有些人具备感受幸福的能力，那么就能感受到身边的幸福；有些人缺乏感受幸福的能力，那么就体会不到幸福的存在。因此，我们可以由此证明幸福有术，这个"术"就是"追求幸福的方法"。

追求本身就是一种快乐和幸福。因为你会真心付出、时刻奋斗，它会让你的人生越来越丰满、厚实，让你体会到人生的价值和生存的意义。快乐追求就是享受追求过程的幸福，而非过分在乎功利的结果；快乐追求就是在充满未知的惊喜中，感觉到身边幸福的存在。本书便是基于幼儿教师的职业特点，阐述幼儿教师培育幸福能力的策略与实践，即指明幼儿教师追求幸福的方法。

无论从事何种职业都会遇到瓶颈期，这时候人们都会有消极倦怠的情绪，幼儿教师也不例外。面对性格迥异的孩子，幼儿教师要照顾他们的衣食住行，陪他们玩，要真正成为孩子身心健康成长的导师，实属不易。但在幼儿园里，温暖的、有趣的、快乐的故事每天都在上演，这些都将成为教师和孩子们受益终生的美好记忆。人生幸福的前提是在从业过程中能够充分体验到职业幸福感。教师的职业幸福是一种感受，也是教师个人价值观的体现；教师的职业幸福是一种心态和状态，也是快乐追求过程的体现；教师的职业幸福来自爱的过程；教师的职业幸福来源于平凡、忙碌而又充实的每一天。

30多年来，我一直耕耘在幼儿教育一线——担任班主任、园长、学前教育教研员。回顾30多年的从教经历，就是在快乐追求中不断发现、感受与创造幸福的过程。在快乐从教的过程中，我提炼出了自己的人生格言——"抬头乐干·爱心育人"并以此为座右铭，不断践行和丰富其内涵，同时也不断传递其意义与价值。"抬头乐干"是伟大的人民教育家陶行知的原话，指的是一种阳光积极的心态与懂得"给予"的智慧，"给予"不仅仅是奉献，"给予"更是潜能的最高表达，在"给予"的行为中体验到的是生命存在的价值。如果教师具备"给予"的智慧，那么体验到的一定是幸福。在长期从事幼儿教育的实践中,"抬头乐干"逐渐成为我快乐做事的人生格言。"爱心育人"阐明的是没有爱就没有教育的理念和师爱的特殊意义与内涵,它是我快乐从教的一种职业信仰。

"抬头乐干·爱心育人",在快乐从教中营造幸福人生,促进自身的专业成长;同时,专业素养的提高又有助于幸福指数的提升。在这样的良性互进中,使自己成长为一名特级教师。我从自身的成长经历中感悟到:"教师幸福人生的营造有助于教师的专业成长;教师专业素养的提高又有助于教师幸福指数的提升。如果把职业意义与人生意义联系结合起来,那么敬业仅是起点,乐业才是归宿。"

哲学家周国平先生在他的著作《愿生命从容》中有这样一段话:"内心世界的丰富、敏感和活跃与否决定了一个人感受幸福的能力。在此意义上,幸福是一种能力。"[①] 按照周国平先生的这一观点,本书以"培育幸福能力的策略与实践"为主线,以"塑造积极健康的心态"开卷,以"实践'爱心育人'的职业信仰"收尾,分别从"构建积极和谐的人际关系""在工作中锤炼追求和感受幸福的能力""在生活中培养追求和享受幸福的能力"等不同视角,从工作到生活,全方位地阐释了幼儿教师培育幸福能力的策略与实践。在撰写本书的过程中,笔者把重点放在了幼儿教师如何在职业过程中不断发现、感受与创造幸福。而实践"爱心育人"的职业信仰,则运用了"案例+点评"的方式,希望幼儿教师看到这些活生生的案例时,能够在共鸣中反思。

本书的写作过程很顺畅,一气呵成,思绪非常活跃。这得益于本书所表达的内容是我30多年的追求、感悟的积淀;得益于我在担任园长和教研员期间,有更多的机会深入接触与了解耕耘在一线的幼儿教师。一个个鲜活感人的育人故事感动着我,也激励着我把这些冲动与激情表达出来。

感谢所有给予我写作灵感的伙伴们,特别是杭州市淳安县机关幼儿园的

---

① 周国平.愿生命从容[M].北京:北京十月文艺出版社,2015:42.

老师们、杭州市江干区各幼儿园的老师们、杭州市兰苑幼儿园的老师们。

感谢杭州市淳安县机关幼儿园的许娟老师、余红英老师；杭州市采荷第二幼儿园的李婧菁老师、陈芳芳老师；杭州市丁兰幼儿园的刘芳老师、龚晓老师、陆骁菲老师；杭州市丁兰第二幼儿园的黄彩老师；杭州市兰苑幼儿园的郑雅丽老师、周淑芬老师、吴婷老师；杭州市江干区笕桥第三幼儿园的毛芳老师；杭州市九欣幼儿园的童卫华老师、朱洁老师；杭州市笕新第二幼儿园的石蕾老师；杭州市钱江苑幼儿园的顾建芳老师；杭州市三里亭学前教育集团的吴广梅老师；杭州市丁蕙第一幼儿园的华倩老师；杭州市钱新幼儿园的夏小燕老师；杭州市百合花幼儿园的陈园园老师、沈湘瑛老师；杭州市澎博幼儿园的卢英老师、孔雅老师，你们提供的宝贵案例让我震撼与感动。还有很多我亲历的、来自一线幼儿园教师的爱心育人故事，虽然没有在本书中呈现，但给予了我创作的灵感，在此一并表示感谢！

感谢李士根老师，在我撰写本书的过程中，每完成一章都作为第一读者，提出了很多宝贵的建议，并在书稿完成后，充满激情地为本书作序。

感谢步社民教授为本书作序，相信有您这位幼儿教师专业成长研究专家的支持，今后在幼儿教师专业成长的路上，我一定会走得更远。

我乐意把自己 30 多年从事幼儿教育的发现、感受与创造幸福的一些感想与大家分享，并衷心希望这本书能够起到抛砖引玉的作用，让更多的幼儿教师远离职业倦怠，做一名幸福阳光的幼儿教师。

余胜兰

2017 年 8 月

目 录

第一章 塑造积极健康的心态 ……001

第一节 正确面对幼儿教师的苦与乐 ……002
一、破解幼儿教师的苦 ……002
二、感受幼儿教师的乐 ……009

第二节 以阳光心态抬头乐干 ……013
一、什么是阳光心态 ……013
二、塑造阳光心态的六个策略 ……014

第三节 以积极心态抬头乐干 ……019
一、什么是积极心态 ……019
二、塑造积极心态的三个行动 ……021

第四节 以感恩心态抬头乐干 ……025
一、什么是感恩心态 ……025
二、塑造感恩心态的四种方法 ……026

第五节 以共赢心态抬头乐干 ……028
一、什么是共赢心态 ……029
二、建造共赢的职业乐园 ……030

第二章　构建积极和谐的人际关系 041

第一节　修炼亲和力，拉近心灵的距离 042
　　一、什么是亲和力 042
　　二、有亲和力的幼儿教师备受认可 042
　　三、幼儿教师修炼亲和力的"八心" 043
　　四、幼儿教师修炼亲和力的"八珍汤" 048

第二节　用心沟通赢得家长的信赖与认可 054
　　一、以高质量的教育让家长信服 054
　　二、掌握与家长沟通的艺术与技巧 054

第三节　做智慧教师，赢得幼儿的喜爱 063
　　一、形象打造 063
　　二、行为塑造 064
　　三、锻炼提升语言的魅力 066
　　四、博学多才，赢得幼儿的崇拜 068

第四节　做受同事欢迎的教师 069
　　一、真诚待人，敢于担当 069
　　二、互惠互赖，合作共赢 071

第五节　做让领导放心的教师 073
　　一、尊重、服从、不盲从 073
　　二、低调做人，高调做事 074
　　三、有限忍耐，合理争取 076
　　四、期望适当，合理节欲 078
　　五、等距外交，不偏不倚 078

第六节　营造和谐的家庭氛围 078
　　一、善于转换角色，承担不同角色的义务 079
　　二、家是幸福的港湾，要用心经营 080
　　三、家庭成员之间的人际距离要适当 081

第三章　在工作中锤炼追求和感受幸福的能力 085

第一节　在教育追求中播撒幸福的种子 086
- 一、培养对教育工作的"真兴趣" 087
- 二、让追求卓越成为一种习惯 088

第二节　在享受工作的过程中感悟幸福 096
- 一、以审美的态度去享受工作 096
- 二、为实现内在价值而快乐地工作 098
- 三、以强烈的兴趣充满激情地工作 098
- 四、以专业学识有智慧地工作 101

第三节　在教育研究中发掘幸福 103
- 一、教、学、研同期互动的理论解说 104
- 二、教、学、研同期互动与教师自主发展的关系 105
- 三、教师的研究方式 105
- 四、让教育研究成为教师的一种生活方式 114

第四节　在德艺双馨中体验幸福 118
- 一、做德行高尚之人 118
- 二、践行工匠精神 121

第四章　在生活中培养追求和享受幸福的能力 129

第一节　精心打理家庭生活，享受家的温馨 129
- 一、懂点厨艺，享受家庭美食 130
- 二、艺术收纳，享受家的舒适 130
- 三、营造和谐家风，享受美满家庭生活 131

第二节　好奇好学提升素养，培养生活情趣 138
- 一、与时俱进学习生活技艺 138
- 二、创意生活，丰富创意人生 139

第三节　以适合自己的方式修身养性 ……………………………… 141
　　一、享受阅读的快乐 …………………………………………… 141
　　二、挖掘艺术潜能 ……………………………………………… 142
　　三、运动带来活力 ……………………………………………… 143
　　四、宁静致远的能力 …………………………………………… 145

第四节　融入社会，让生活丰富多彩 ……………………………… 146
　　一、适应环境，入乡随俗，随遇而安 ………………………… 146
　　二、遵守社会规则，获得社会支持 …………………………… 147
　　三、融入自然，吸纳大自然之灵气 …………………………… 150

第五章　实践"爱心育人"的职业信仰 ……………………… 155

第一节　秉持"爱心育人"的职业信仰 …………………………… 156
　　一、什么是信仰 ………………………………………………… 156
　　二、什么是职业信仰 …………………………………………… 157
　　三、"爱心育人"的职业信仰的缘起与孕育 ………………… 157

第二节　践行"爱心育人"的职业信仰 …………………………… 161
　　一、爱是心灵的交流 …………………………………………… 161
　　二、爱是豁达的包容 …………………………………………… 165
　　三、爱是真诚的尊重 …………………………………………… 171
　　四、爱是平等的对话 …………………………………………… 174
　　五、爱是细心的呵护 …………………………………………… 179
　　六、爱是耐心的等待 …………………………………………… 184
　　七、爱是智慧的发现 …………………………………………… 188
　　八、爱是知心的玩伴 …………………………………………… 192

第一章 塑造积极健康的心态

 本章导读

俗话说，态度决定一切。一个人的幸福指数及成就大小取决于态度。积极健康的心态能够提高人的幸福指数，同时也决定了一个人的成就与成功。所以，塑造积极健康的心态是培养幸福能力的基础。本章第一节从职业特点入手分析幼儿教师的"苦"与"乐"，在此基础上阐释如何破解幼儿教师的"苦"和感受幼儿教师的"乐"。第二、三、四、五节分别从以阳光、积极、感恩、共赢的心态抬头乐干，全面阐释"塑造积极健康的心态"之术。"抬头乐干"源于教育家陶行知先生，指快乐做事的状态。这种做事的状态从感情上来说，要投入极大的热忱和兴趣；从行动上来说，是积极主动、乐观勤奋的；从情绪上来说，具有热爱的感情、正向的信念；从责任感来说，是源自主体自觉自愿的价值感。也就是说，主体从内在价值的体现中享受做事过程的幸福。"抬头"体现的是一种阳光与自信的状态，可以由外及里影响我们内心的感觉。"乐干"是一种做事的精神境界，生命价值由此得到了实现。快乐做事是一种能力，而这种能力需要有一个发展过程：爱干—会干—乐干。爱干是基础，在其背后支持的是兴趣；会干是方法，在其背后支持的是专业；乐干是境界，在其背后支持的是主体生命意义由此得到实现的意义感。因此，抬头乐干是实干而不是愚干，是巧干而不是蛮干，总之，就是享受做事的快乐与幸福。

"抬头乐干"与"埋头苦干"比较：埋头苦干更看重外在的责任。如果只是机械地苦干，缺乏内在的热忱和兴趣，从情绪状态上会导致厌烦、沉闷和无奈。所以，我们要"抬头乐干"，而不是"埋头苦干"。

这章的思维结构与逻辑关系是：幼儿教师要培养和发展自己快乐做事的能力，逐步达到"抬头乐干"的境界，而实现这种精神境界的前提是"积极健康的心态"。所以，塑造积极健康的心态既是培养幸福能力的基础，也是发展和享受幸福能力的方法。

第一节 正确面对幼儿教师的苦与乐

任何一种职业都有其特殊意义与特殊价值，也有其辛苦与在实践过程中所感受到的幸福与快乐。幼儿教师也一样，既有职业性质的特殊性，又有特殊的苦和乐，破解其"苦"、感受其"乐"是塑造积极健康的心态的前提。

一、破解幼儿教师的苦

（一）幼儿教师的苦

1. 工作强度高

（1）工作时间长。从显性的角度来看，一是带班时间长。幼儿教师的带班时间是以天为计数单位的，一进班就没有上下课之分，不能离开幼儿半步，就连如厕都得见缝插针；二是具有延伸性。也就是在时间上延续到八小时以外，在空间上从幼儿园延伸到教师的家中，有时还要延伸到幼儿的家中。

（2）工作内容杂。一是保教融合。除了日常教学工作之外，幼儿的吃、喝、拉、撒都要管，每一个环节都是幼儿学习的内容，教育与管理是融为一体的；二是环境创设耗时又耗力。幼儿在与环境的互动中获得有意义的经验，环境是幼儿园的隐形课程，《幼儿园教师专业标准（试行）》明确把环境创设的能力作为幼儿教师最基本的专业能力之一。幼儿园对环境创设的要求是非常高的。幼儿教师在环境创设上所花费的时间与精力也是其他学段的教师所不能及的。

（3）隐形工作多。从隐性的角度来看，幼儿教师需要学习、备课、做教具、考试，还有诸多的笔头工作、家访等。教育是一门科学，需要教师不断追求业务水平与能力的进步，不断学习与探究；教育是一门艺术，艺术的生命力在于创新，教师需要具有个性化的教育思想。这些都需要教师在带班之余投入很多的时间与精力进行学习探究。

2. 精神压力大

幼儿园教师的压力大致有以下几个方面。

（1）每天精神高度集中。幼儿园要求教师在带班的时候"眼观六路，耳听八方"；要"让所有孩子都在教师的视线中"。所以，教师一进班级就没有上下课之分，也就意味着没有短暂的自我调整身心的时间。加上现在很多幼儿园教师的办公场所就设在教室或幼儿午睡室的一角，导致教师根本没有片刻安宁。

（2）来自安全的压力。在所有学段的教师中，幼儿园教师所承受的安全压力是最大的。同样性质与伤害程度的事故如发生在中、小学和幼儿园，家长的反应是完全不同的。一是孩子在幼儿园，家长的主要关注点是安全；二是幼儿是限制行为能力的人群，家长往往更关注孩子受保护、受照顾的需要，而忽视其发展的权利；三是家长往往会单方面听信孩子讲的话，主观地认为"孩子是不会说谎的"，而听不进教师阐述的事实，甚至认为教师是在推脱责任而就轻避重、瞒报事实，忽略了幼儿容易"把想象当现实"的年龄特点。因此，教师往往会遭受误解而无从辩解。

十多个小朋友踩我的头

我当园长时曾亲身经历过这样的案例：有一天放学后，一位家长气呼呼地打电话对我说："园长，今天我家孩子在幼儿园被十多个小朋友踩头，老师就在旁边看着没有制止，孩子现在还感觉头疼呢。你一定要给我一个说法。"我心里想十多个孩子踩一个孩子的头，老师还看着不管，而且家长说的还是一名有经验、有责任心、专业水平高的骨干教师。我马上回复说："洋洋家长，请不要着急，我马上了解情况后给你回复。"

我即刻向当事教师了解事情的原委，事情的经过是这样的：当天下午幼儿在老师的带领下在户外玩一个叫"盘丝洞"的大型玩具，有几个孩子已经爬到了顶端，而这个孩子从下面钻入的时候头接触到了上面孩子的脚。仅仅是触到而已，根本没有孩子所说的"头疼"的可能性。但对孩子来说，他觉得别人的脚放在他的头上面，那就是"踩"，而踩了就会痛的，所以，就出现了"痛"的表述。

类似上述案例中教师所受的委屈，我已司空见惯。经常提心吊胆，若发生安全事故，为了息事宁人，教师往往会不加分辩地承受委屈与压力。

（3）肩负着体力与脑力双重的劳动。教师的劳动是体力和脑力的双重劳动，幼儿园教师也不例外。设计教学活动、制作教玩具、上课带班、教学管理、班级管理、家长工作、处理各类意外事件、观察儿童、教育科研、写案例、写论文等都需要体力与脑力的双重劳动，对幼儿教师的要求是很高的。

3. 成功体验弱

教师劳动的最终成果具有"周期长、见效慢、检验难"的特点。俗话说，十年树木，百年树人，孩子最终是否成材，检验周期长且干扰因素多，也难以确定是某种因素导致的结果。所以，教师劳动的科学性是隐性的、缓显的，其效应是滞后的。幼儿园教师的最终劳动成果更是"缓显"的，不能在其劳动结束后完全显露出来。也就是说，幼儿园教师为孩子所做的一切，并不是今天、明天就能看到，而是体现在孩子一生的发展中。

4. 自我实现难

由于幼儿教育对个人发展及社会发展所产生的效益周期长（效益滞后），

所以社会总是将其置于那些能够立竿见影的事情之后，导致明知重要，但因不会影响到当下的利益而宁可选择缓一缓。这直接导致对幼儿园教师的重视程度远远不如其他学段的教师。加上行业本身的经济收入低，也直接导致幼儿园教师自我实现难。

（二）怎样破解幼儿教师的苦

1.活在当下，让自己耐心而平和

既然我们选择做幼儿教师，就要面对烦琐、平常而又高强度的工作。因此，幼儿教师保持足够的耐心非常重要。只有这样，我们的内心才会是平和的。平和是一种不急不躁的稳重；平和是一种柔中有刚的坚持；平和也是一种悦纳现状的坚定。

我们要修炼自己的耐心，以平和之心面对每一天烦琐的工作。那么如何修炼自己的耐心呢？"活在当下"是有用的策略之一。何谓"当下"？简言之，"当下"就是你正在做的事、你现在所在的地方、现在和你一起工作和生活的人。何谓"活在当下"？就是要把关注的焦点集中在当下的这些人、事、物、地等上面来，全心全意投入其中，去接受、体验、品味当下的一切。

2.正视现实，缓解压力，让身心平衡

幼儿园教师要正视现实，淡泊名利。第一，轻虚荣，重内涵，树立可持续发展的理念。什么是内涵？从逻辑学上来说，是指事物的本质属性的整合。对人来说，是指人的内在涵养与素质。形体容貌的因素自然重要，但更重要的是涵养和气质。应该努力使自己成为有个性的、有涵养的、有知识的、健康向上的、值得人敬佩的人。让自己散发出知性的力量和魅力。德国哲学家叔本华有句名言："没有知性的渴求，不会得到知性的快乐，也唯有知性的快乐不会产生厌倦。"

第二，学会依法执教，既要知法懂法，维护幼儿的权益，同时也要依法维护自己的权益。在这一点上我要着重强调，在维护幼儿权益的同时，要学

会用法律的武器为自己维权。比如，当孩子在幼儿园发生意外伤害时，幼儿园教师为了息事宁人，常常不分青红皂白就把责任全揽在自己身上，而结果非但不能息事宁人，反而助长了家长的得寸进尺、刁难和不满。因此，幼儿园教师一定要学法、懂法，遇到问题首先不要畏惧，要正视现实，依法处理。是我们的责任，一定不能推卸；不是我们的责任，也不要大包大揽。

滑滑梯上摔落事故

这天下午，户外活动轮到大一班小朋友玩大型玩具"滑滑梯"。老师按照有关安全管理的要求，首先在教室里讲解了滑滑梯的安全知识和有关注意事项，这些内容教师在幼儿园规定的"安全工作手册"的相关栏目中都有记录。在户外活动中，三位老师的站位也分布合理，并始终关注着幼儿的活动过程，活动中发现龙龙有一些危险动作，教师及时进行了制止并教育。但爱挑战是幼儿的天性，加上龙龙本身就是一个非常调皮的孩子，他还是用危险的动作玩耍，一个侧身翻滑动作，让龙龙甩出滑梯，他的手臂横着砸在滑梯边沿上。教师马上叫来园保健医生，按照意外事故处理应急预案，园保健医生和教师一起第一时间把孩子送到了最近的医院，同时通知家长和园长。拍片检查，发现龙龙的手臂骨折了。园长第一时间赶赴医院，并跟医院及家长协商用最好的进口钢板进行固定，并垫付了所有的医疗费用，同时跟医院协商一年后拆钢板的费用也一次性结清（因为该幼儿马上就要毕业入学读书，这样可以免除家长对后续医药费的担心）。回园后，当事人教师写出事故发生的全部经过，园安全领导小组成员分析定性事故的责任为：非责任事故。

手术后，家长来找园长交涉安全事故责任认定与赔偿的事项。提出幼儿园除了承担医药费外，还应该承担家长的误工费、孩子的营养费，等等。园长耐心地倾听了家长的诉求，跟家长说明了事故发生的全过程，这些都是有据可查的；向家长阐述了有关法律法规的条款，幼儿园应该承担几个方面的责任：一是教育的责任；二是监管的责任；三是设施设备安全的责任；四是及时妥善处理事故的责任，并告知家长在上述几项责任义务中，幼儿园做的是到位的，不存在过错。该事故纯属孩子活动过程中的意外，但不管怎样都是在幼儿园发生的，医药费除了保险可以报销的以外，全部由幼儿园承担（含后续的治疗费）。相关的法律法规家长自己也可以在网上查到。

这位家长非但没有再找幼儿园的茬，还非常感谢幼儿园人性化的处理方式。

上述案例是我担任园长时亲身经历的。幼儿园依法执教，化解了一场不必要的矛盾。首先，幼儿园的安全管理制度非常到位，教师在日常工作中也是严格按照制度操作与执行的；其次，安全应急预案具有可操作性且各个岗位工作人员在操作过程中思路非常清晰；再次，园长对于幼儿园安全管理相关的法律法规非常熟悉。最后，既站在家长的角度，给予人性化的关怀与处理，同时又有法律做保障，整个处理过程既没有大包大揽，又做到了人性化。

3.自尊、自信，建立正确的自我意识

自我意识又称自我观念，就是自己对自己的认识，一般包括自我认识、自我体验和自我调节。一个身心健康的个体一定是"知、情、意"和谐发展的人，也就是具有良好的认知能力、情绪情感管理能力和控制自己行为能力的人，这样的人是具有正确的自我意识的人。首先，从自我认知的角度来说，能够认识自己、悦纳自己、控制自己，善于调节，让"自我感觉良好"。其次，具有自尊、自信的自我体验。自尊心是个体在社会比较过程中所获得的有关自我价值的积极评价与体验；自信心是对自己能力是否能承担任务的自我体验。最后，自我调节主要表现在个人对自己的行为、活动和态度的调控，是自我教育、自我发展的重要机制。良好的自我意识是心理健康的基础。

4.悦纳赏识，宁静致远，让心境平和与满足

我们要做的就是悦纳工作，以欣赏的眼光关照一切。

第一，要悦纳每一个孩子。能否接纳班上的每一个孩子，直接影响着教

师的幸福指数。下面几种倾向容易导致教师产生负面情绪：一是评价孩子的指标过于标准化。从普遍性的角度去要求和审视不同的孩子，往往不能理解和接纳那些具有特殊性的孩子；二是目标或期望值过高或理想化，从恨铁不成钢到连连失望；三是对孩子的某个有悖常理的行为不做具体的了解和分析，对孩子的举动不理解而产生负面情绪。这些倾向导致教师不能接纳个别孩子，就会自然而然地产生排斥、不喜欢甚至讨厌某个孩子的情绪。

如何避免这类负面情绪影响我们的幸福感呢？首先，要以欣赏的眼光看待幼儿；其次，要以平等、真诚的态度与幼儿交往。做到这两点的关键是教师是否拥有真正的爱心。孔夫子提出"有教无类""因材施教"；陶行知提出"爱满天下"；"捧着一颗心来，不带半棵草去"——以这种精神去教导孩子，一定不会错。作为教师，爱学生不能因学生的家庭不同而区别对待；不能因学生的长相而区别对待；不能因学生的是否悦人而区别对待。爱他们就要接纳他们，理解学生的不同特点，因材施教。

第二，要悦纳工作。悦纳工作可以从两个方面修炼：其一，善待平凡，从小事做起。古人云："不积跬步，无以至千里；不积小流，无以成江海。"无论多么远大的理想、伟大的事业，都必须从小事做起，从平凡处做起。立足于平凡，才能在平凡中创造出非凡的业绩，何况教师的职业本来就是平凡的。要善于在平凡中体会身边的每一份感动。其二，宁静致远。人的幸福在于心境平和与满足。一个人只有在宁静中，心绪才会像秋水一般清澈，从而发现幸福的真谛！

5. 管理时间，善于取舍，把握优先处理原则

管理时间，找出什么是最重要的，应该把什么放在第一位；按照事情的优先程度来安排处理顺序与时间。要能够在取舍面前彰显智慧。以可持续发展的眼光有智慧地取舍。有的人既有上进心，专业水平也不错，为什么进步不大？就是因为什么都想要，什么都不想丢，不会科学管理时间，但是人的精力与时间是有限的。智慧取舍就是"在对的时间集中精力干对的事"，做时

间的主人。

把时间按其紧迫性与重要性分成 ABCD 四类,形成时间管理的优先矩阵(图 1-1)。紧迫性是指必须立即处理、不能拖延的事情。重要性是指与目标息息相关的、有利于实现目标的事物,越有利于实现核心目标就越重要。

A 重要 紧迫	B 重要 不紧迫
C 不重要 紧迫	D 不重要 不紧迫

图1-1 时间管理重要性与紧迫性矩阵示意图

在每天的时间管理中,你更注重哪一类?注重 A,认为每件事情都很重要、很紧迫,而且每天大部分时间关注这类事情,那么你是压力型的人;注重 B,大部分时间与精力关注重要但不一定紧迫的事物,比如,教育教学专业理论的学习与实践的研究、提高专业水平与能力、锻炼身体等,那么你就是有条理、从容不迫的人;注重 C,大部分时间都在处理紧迫而不重要的事物,那么你是一个"救火员",每天看似很忙,但最终难有作为;注重 D 的是懒人,每天总在应付杂事。

二、感受幼儿教师的乐

虽然幼儿教师的工作烦琐又辛苦,但任何工作都有其苦,也必然有其独特的优势与乐趣,下面我来分析幼儿教师之乐。

(一)幼儿教师的乐

1. 童心相伴,生命常青

有孩子的地方就有欢乐,面对纯真的孩子,可以让我们感受世界的美好。

不用刻意粉饰自己，以真实、平和、诚挚的心态对待他人，和孩子们一起可以抛开世俗的烦恼与纷争，拥有一颗年轻的心，体验生命最初的感动。

有一次，我在一所幼儿园听课，一个小女孩看着我，微笑着对我说："客人老师，我觉得你好年轻啊！"我轻轻抚了一下她的头说："谢谢你夸奖哦，你也好可爱哦！"这时另一个小男孩友善地接话说："那我还觉得客人老师好漂亮呢！"……我被孩子们的天真无邪感动了，觉得心情特别好，像吃了蜜一样甜。

幼儿教师每天在童心相伴下生活，特别年轻有活力。幼儿教师在同龄人中总显得相对年轻。每天与孩子们相伴，世俗的杂念少了，内心纯净了，自然也就年轻了。

2.收入稳定，生活安宁

幼儿教师的收入不高，但相对稳定，生活安宁而有规律，不用经常出差，工作时间基本固定而有规律，方便照顾家中老人和孩子。

3.家长信赖，体验自信

因为面对的是限制行为能力的幼儿，家长对教师的要求高，有时也很苛刻。但如果教师对幼儿全心全意的爱获得了家长的肯定与认可，那么家长会非常信赖教师，支持教师的工作。

我的徒弟是幼儿园的骨干教师，在教育教学上有自己一套非常好的策略与方法，并且工作非常认真与投入。每次跟我聊起孩子时她总会自豪地说："师傅，今天又有我们班毕业的孩子的家长跟我约好，中午要跟孩子一起来看我。""今天我们班家长在家长群里说：谢谢老师的关心……"

这也是体现教师的工作意义与价值的时刻，它激励我们充满自信，一路前行。

4. 陪伴成长，感受真情

幼儿教师教育的对象是幼儿，幼儿阶段孩子的身心发展是最快、最全面的，几乎每天都在发生变化。孩子的一颦一笑、一点一滴的进步都会给幼儿教师带来无比的快乐。

我的一位同事在一次总结会的时候说："都说幼儿园老师是容易被忘记的，但是我觉得不用计较，只要孩子们在毕业的时候还喜欢幼儿园、喜欢老师就够了。孩子喜欢上幼儿园、喜欢老师——这就是成就。"

5. 弹唱说画，其乐融融

职业特点要求幼儿教师涉及的知识与技能不一定精深，但一定广泛，弹、唱、说、画等技能样样都要会，以赢得孩子们的喜爱与崇拜。这些技能使得幼儿园教师无论在何种场合都表现出活泼开朗、多才多艺的一面，能够使气氛更加活跃，在给他人带来快乐的同时，自己也获得自信与价值感。

（二）怎样感受幼儿教师的乐

1. 永葆童心，感受纯净与美好

（1）童心，天真又纯净。"真""纯"是童心的特点。要永葆"真"和"纯"不容易。幼儿教师接触的对象就拥有这样的特质。幼儿教师要珍惜这种得天独厚的环境，让自己永葆童心。

（2）童心，是好奇之心。拥有好奇之心，才会对未知不断进行探究。好奇心可以把人内在的学习动力充分调动起来，从好学走向乐学。

（3）童心，是爱玩之心。爱做游戏是幼儿的特点，幼儿园教师要做儿童的知心玩伴，让"做儿童的知心玩伴"成为专业追求。

（4）童心，是善良之心。拥有善良之心的人总是善解人意，善于发现事物美好的一面，这是童年的纯净之美。

（5）童心，是童贞之心。具有孩子般的心态、心境、趣味和个性，就是俗话说的"老顽童"。

（6）童心，是容易满足的心。一句简单的表扬、一个肯定的笑容都能够在内心激荡起幸福的涟漪。

永葆童心不容易。因为童心是容易被污染的，也容易被世俗化。职业的特质让我们与童年、童真、童趣相拥，这是上天的恩泽。要理解儿童，能够与儿童换位思考，回归到与其年龄相仿的思维特点，理解孩子的所作所为，把孩子当作与我们平等的人来对待。

2.享受生活的安宁，体会充实与满足

人生最大的享受，不在于吃喝玩乐，而在于心灵的满足与充实；活得自在安乐是人生最大的享受。幼儿教师虽然收入不高，工作也很平凡，但我们的每一天都自在而满足。

3.爱心感动家长，感受爱的互馈

幼儿园教师的幸福感来自孩子成长带来的价值感；也来自家长对教师的信任与喜爱。

这是我刚工作不久发生的事，至今历历在目。

放学了，孩子们陆陆续续被家长接走，我在整理教室的时候发现小帅的帽子和围脖落在了教室里。傍晚时分，气温突降，还下起了毛毛细雪。20世纪80年代初，人们的生活水平并不高，南方下雪的次数也很有限，一般小孩没有备份的帽子与围脖。当时不像现在家家都有电子通信设备可以联系。我顾不上一天工作的疲惫，带上小帅的帽子与围脖送往小帅家。此时，小帅一家正在吃晚饭，谁也没有发现小帅的帽子与围脖落在幼儿园了。获悉我的来意，小帅的妈妈非常感动，连声表达谢意。

4.展现并提升才艺，获得自信与自乐

在学习幼儿教育专业的时候，可以说样样都学，但只学了"皮毛"，刚刚入门就毕业了。进入幼儿园担任教师以后，工作烦琐而忙碌，如果不挤出

时间继续学习或者温习所学的专业技能，或许过一段时间就变得生疏了，有的甚至完全忘记了。因此，要妥善解决工学矛盾，不断提升自己的专业技能。一分付出一分收获，当你足够优秀的时候，也会收获自信与幸福。

第二节 以阳光心态抬头乐干

以阳光心态抬头乐干，更容易感受到职业带来的幸福。那么，什么是阳光心态？幼儿教师如何塑造阳光心态？

一、什么是阳光心态

阳光心态，是一种积极的心境；是一种正向的信念；是一种换位思考的智慧；是一种乐观豁达的胸怀；是成熟的心灵；它给人以温暖与温馨。

阳光心态，我理解为：我们的心灵充满阳光，且不会被黑暗和悲伤遮蔽。也就是说，善于发现快乐，以正向的视角看待事物、问题与现象，感受人与人之间纯洁与美好的一面。人生难免遇到挫折，也会有心情抑郁与悲伤的时刻，我们要以正向的信念来冲破黑暗，积极调整心态，追寻阳光。

塑造阳光心态的关键是让自己的心灵趋向成熟。勇气与体谅之心兼备，既有勇气表达自己的感情与信念，又能体谅他人的感受与想法；既有勇气追求自己的利益，也能顾及他人的利益；既有勇气说出自己的观点，也能耐心倾听并尊重他人的观点；既有勇气参与竞争，也能体谅未遂心愿；让心灵趋向平衡，那么无论遇到怎样的情况，我们的心态都将是充满阳光的。

小李最近非常郁闷，感觉自己要崩溃了。原因是他的上司经常深夜一两点钟发微信和他谈工作，有时候他刚进入梦乡又被惊醒了，生怕没有及时回复上司的微信而被责怪，但他又不敢得罪上司，没有勇气表达自己的想法，只能自己生闷气。

某单位竞聘中层干部，实行双向选择竞争上岗。有意向担任某职位的人首先要自我申报，然后经过组织审核——竞聘演讲——民主评议——竞聘领导小组择优录用。小张非常纠结，如果申报，担心自己落选没有面子；如果不申报，又怕失去了机会。最后小张还是没有申报，他的同事被录用后，他更是心情郁闷，感觉自己吃了亏，最后怪罪于竞争上岗的制度。

案例1小李的上司与小李都属于心智不成熟的人，其上司不成熟在于只考虑自己当时的需求，而没有体谅他人的感受；小李的不成熟在于没有勇气表达自己的感受与想法。

案例2中的小张既缺乏表达自己信念与想法的勇气，又对结果缺乏体谅之心；其心态自然不可能阳光了。

二、塑造阳光心态的六个策略

（一）建立多元的成功观

现今社会，人们往往把金钱、地位、权利、名誉作为衡量一个人成功的标准。幼儿教师首先要树立多元的成功观。有一技之长是成功；坚守自己的兴趣爱好是成功；兢兢业业服务社会是成功；精神的富足是成功；家庭的幸福是成功……当我们建立多元的成功观后，就会按照自己设定的目标努力学习、认真工作，心无旁骛地追逐自己的梦想并乐在其中。

（二）不以物喜，不以己悲

"不以物喜，不以己悲"出自范仲淹的《岳阳楼记》，意思是不因外物的好坏和自己的得失而喜或悲。其延伸的意思是不因外物富有、个人的成功而骄傲和狂喜；也不因为外物的失去、个人的失意而悲伤。无论面对成功还是失败，都要保持豁达淡然的心态，不因一时的成功和失败而妄自菲薄。

大红大紫的时候，不要得意忘形，要认识到那不会是永恒的状态。当它们来临的时候要感激，当它们离开的时候也不会失落。处于不顺、悲伤或痛苦的时候，也要记住它不会永远持续。人有悲欢离合，月有阴晴圆缺，喜悦的瞬间和悲伤的片刻并存才是生活的常态。

（三）有追求，懂满足

一个人要有理想有追求，进而不断实现自己的目标。学习是一辈子的事，学习的方式是多元的，学习的内容也是丰富的，可以在生活中修炼品格；可以学知识提升自我、启发思想；在幼儿教育工作中融入学习共同体，互进共长。有追求的同时还要懂满足。知道满足，才懂自制；知道满足，才懂付出；知道满足，才乐分享；知道满足，才敢于决策。

曾经看到过这么一个故事：

草原上有对狮子是母女。有一天小狮子问母狮子："妈妈，我老听到很多动物说幸福。幸福到底是什么？它能不能吃？幸福到底在哪里？"母狮子说："幸福不是东西，而且也抓不着，更不能吃，它就在你的尾巴上。"小狮子听到妈妈说幸福就在自己的尾巴上，便不断地追着自己的尾巴跑，但始终咬不到。母狮子看到孩子天真的样子，忍不住笑道："傻孩子！幸福不是这样得到的。只要你昂首向前走，幸福就会一直跟随着你！"

这个故事蕴涵的人生哲理是：有追求，懂满足，只要昂首向前走，幸福就会一直跟随着你。如果我们不去关注银行的存款、职位的升迁，不过分计较得与失、付出与回报，那么幸福常在你身边。

（四）换一个视角看问题

"横看成岭侧成峰，远近高低各不同。不识庐山真面目，只缘身在此山中。"每一个事物都是立体的，从不同的角度看，会有不同的结果。生活也一样，有些百思不得其解的问题，换一个角度看，往往却可以释怀。有时候得未必是好事，失也未必是坏事。

"塞翁失马"的故事告诉我们，无论遇到福还是祸，都要调整自己的心态，都要超越时间和空间去观察问题，考虑到事物有可能出现的极端变化。这样，无论福事变祸事，还是祸事变福事，都会有足够的心理承受能力。

1. 失去太阳，拥抱星星

印度诗人泰戈尔有句诗："当你为错过太阳而哭泣的时候，你也要再错过群星了。"如果你失去太阳，那么就高高兴兴地拥抱星星吧。人生是没有回头路的，时间是不可逆的。你可以总结经验和教训，但不应对过去的失误和遗憾耿耿于怀，伤感落泪并不能改变过去；重要的是把握现在，对未来早做规划。沉湎于过去只会白白浪费眼前的大好时光；追悔过去只能失掉现在。人要学会往前看，当下的每一天都将是灿烂的生命的开始！

2. 换个视角，困境也可能成为迈向理想的垫脚石

请看下面这个故事：

井底之驴

有一天，农夫的驴子不小心掉进了一口枯井里，农夫绞尽脑汁想办法救驴子出来，但几个小时过去了，驴子还在井底痛苦地哀号着。

最后，农夫决定放弃，他想这头驴子年纪也大了，不值得大费周折救它出来；但这口井还是要填埋起来，以免发生类似的事件，再则也可以减轻这头驴子的痛苦。于是，农夫请来了左邻右舍帮忙一起填埋枯井，他们把泥土一铲铲抛进枯井里。当这头驴子了解到自己的处境时，哭得非常凄惨，但出人意料的是，过了一会儿这头驴子就安静了下来。农夫好奇地探头往井底一看，眼前的景象令他大吃一惊：当泥土落在驴子背部的时候，驴子就将泥土抖落在一旁，站到泥土堆上面。就这样，驴子将它身上的泥土全都抖落在了井底，渐渐地这头驴子升到了井口，然后在众人惊讶的目光中一跃而出。

（摘自：http://www.yiqig.com/zhichanglizhi/lizhiwenzhang/041Q53402017.html）

这个故事给我们的启示是：在生命旅程中，我们难免会陷入"枯井"里，各种各样的"泥沙"倾倒在我们身上，而要摆脱这些困境的秘诀是：将"泥沙"抖落掉，然后站上去。如果我们能够以正向的信念、沉着稳定的态度面对困境，助力也许就潜藏在困境中。

（五）大气做人

什么是大气？大气是一个人做人做事的风范、态度、气质、气度，是一个人综合素质向外散发的无形的力量。大气是一种纳百川、怀日月的气概；一种从容大方、自然天成、胸有成竹的气量；一种成熟宽厚、宁静和谐的气度。"大气"之人不会斤斤计较，内心自然也是阳光的。大气的外在表现可以从待人、待事、待己三个方面分析：

1. 宽容待人

大气的人对人宽容，不斤斤计较；豁达大度、胸怀宽广。大气的人既用人所长，又容人所短，有容人、识人、用人的胸怀和雅量。要让自己成为一个大气的人，就要从对待朝夕相处的同事做起。同事之间要惜缘互助、以诚相待，有见贤思齐之气度。在共同目标下求合作，在相互合作中求合力，在相互信任中求发展。所谓的"敌人"，有时往往是自己内心的那道坎儿，"大气"待人，才能利人利己。

2. 超脱待事

对事，要超脱。人的一生碰到的事情太多了：猝不及防的打击、始料未及的挫折、从天而降的好处、唾手可得的利益……事无论大小，不管好坏，不要太在意；既要积极面对，又要淡定以待；既要当回事，又不要太当回事儿。切莫一见好事就喜形于色，一遇坏事就愁眉不展，遇事不敢担当。

3. 豁达待己

对己，要豁达。生活在现实社会中，吃亏、受委屈、想不通都是常事。同事出言不逊轻慢了你，领导办事不公伤害了你，这都算不得什么，倘若整天围着自己那点儿小九九打转转，时时算计自己的利害得失，以一己得与失作为好与坏、喜与忧的判断标准，怎么能有阳光心态？

大气的人，不是无原则、无气节，而是小事不挂怀，胸如大海，只藏真纳善，拒绝虚假；懂得忘却，不计得失。"难得糊涂"是一种大气；"厚德载物"是一种大气；"坦荡淡泊"是一种大气；"从容稳健"是一种大气；"谦逊低调"是一种大气……大气是精神人格的一种淬炼。

去年国庆期间，我有幸认识了书法家王观庆先生，并与先生一见如故，几经接触交流，先生创作了一幅书法作品赠予我。先生言："气若幽兰，既是您的人生追求，又是您人品的体现……"

细心品味这幅作品（图1-2）："气"（正），一身正气，人精气神："若"（草）行云流水般自由洒脱，有个性而不随波逐流；"幽兰"（娟秀）秀丽而低调，高雅而含蓄。正气规矩而有节操；自由洒脱而不随波逐流；秀丽高洁而低调含蓄；让人回味无穷！

图1-2　书法作品"气若幽兰"

感谢王观庆先生为我创作这幅"气若幽兰"作品！后来为自勉，我又为这幅作品创作了一首诗：

气若幽兰

一茎兰草，依山傍水。

一身正气，馨香清远。

翘首内敛，洒脱圣洁。

紫气东来，丰衣足食。

旭日东升,蒸蒸日上。

幽幽兰草,韵味无限。

(六)微笑,让心灵更丰富

谁也不可能在人生的旅途中一帆风顺,成功的路上充满艰辛与困苦。人们都向往生活的诗情画意,但那背后是艰辛累积而成。要坚信在雨雪冰霜之后,一定会有灿烂的阳光,微笑地面对每一天。

微笑是一种气质,这种气质得益于修养;微笑是一种境界,这种境界需要磨炼。喧嚣尘世,繁忙生活,受约束的是生命,不受约束的是心情,只要心情是明亮晴朗的,人生就没有阴天。

给生命一个真诚的微笑。无论是在成功的巅峰,还是在失意的低谷;无论是为爱而欣喜,还是为恨而伤怀,学会了微笑,就如为自己的心灵找到了生命之初的宽容和豁达,面前将是海阔天空!你对生活微笑,生活就对你微笑,而生活馈赠的远比微笑要多。微笑吧,让心灵更丰盈,让生命更富有!

第三节 以积极心态抬头乐干

俗话说:心态决定状态。积极心态造就积极人生,积极人生是幸福的基础。幼儿教师要在工作和生活中主动培养自己的积极心态,并以积极心态抬头乐干,体验幸福。

一、什么是积极心态

有这么一个故事:

两个兄弟各带一只行李箱出远门。一路上,重重的行李箱将兄弟俩压得喘不过气来,他们只好左手累了换右手,弟弟一路抱怨:"真累,提不动了……"忽然,大哥停了下来,在路边买了一根扁担,将两只行李箱一左一右挂在扁担上。他挑起两只箱子上路，反倒觉得轻松了很多。

故事中的弟弟和哥哥在遇到同样问题的时候，表现出了不同的心态，弟弟的心态是消极的，而哥哥的心态是积极的。哥哥一是具有积极的情绪，积极乐观不抱怨；二是具有主动的意识，主动寻求解决问题的办法；三是具有责任意识，照顾弟弟勇挑重担，达成"共赢"。

积极心态主要包括：积极的情绪、主动的意识和主体自主建构的责任意识。

（1）积极的情绪。我们常以乐观、自信、满意、满足、尽职、信仰、信任等关键词来表达积极的情绪。"积极的情绪包括欢愉（例如欢欣、幸福、活泼）、自我认同（例如自信、自强、果敢）、专心（例如机警、专注、决断）。"[①]

（2）主动的意识。主动是自发与自觉的行动。指主体自觉、自愿、自信而自动地由自己把握事情的发展。面对任何状况都能使事情按照自己的意图，朝着有利的局面发展。比如，实际工作中有完成目标的主动性；在人际交往中有主动交往的积极态度和行为等。

（3）责任意识。责任意识是建立在一种观念基础上的思维模式，是一种责任感。具有责任感的人会根据自己的原则和价值观，做有意义的和负责任的抉择。他们也会为自己的抉择积极改善环境，而非屈从于环境的压力和干扰；他们会把控自己的情绪与行为，主动积极地推进事物的发展，同时也会对自己的行为负责。

态度决定一切。一个人被击败，不是因为外界环境的阻碍，而是取决于他对环境的反应。积极的人总是以坚韧的品质、自信的力量、不屈不挠的精

[①] Carr A. 积极心理学：关于人类幸福和力量的科学 [M]. 郑雪，等译校. 北京：中国轻工业出版社，2008：5.

神面对困难和一切阻碍，并以乐观的精神支配自己的情绪，抓住环境的有利因素，改善环境的不利因素。积极的人是具有强烈责任感的人，即便在贫瘠的土地上，也能收获丰硕的果实；即便在悬崖峭壁上，也能成长为有用之才。而消极的人则容易被环境控制，听任环境的支配，他们对待问题和困难的时候消极被动，他们的人生是迷茫的、困惑的，一遇到困难就怨天尤人，容易放弃。

二、塑造积极心态的三个行动

积极心态需要通过自身努力，在实际行动中逐步养成。

（一）种下"积极心态"，收获积极硕果

1. 种下"积极心态"

（1）即使在最困难的时刻也能鼓励自己。

（2）尽量用自己的积极情绪感染周围的同伴。

（3）永远积极乐观。

（4）总是积极地寻找解决问题的方法，点燃希望之火。

（5）从不自我设限，能激发自身无限的潜能。

（6）生活在正面的情绪当中，时刻都在享受人生的乐趣。

2. 收获积极硕果

（1）收获十心硕果：爱心、恒心、虚心、决心、雄心、信心、进取心、平常心、宽容心、企图心。

（2）收获积极的品格：热情、开朗、乐观、豁达、信任、真诚、无私、自律、合群、理解、沉着、果断、勇气、坚强。

（3）收获正向的信念与责任：创新、激励、拼搏、贡献、务实、成就感、责任感、幽默感、荣誉感。

（二）培养积极心态，做积极向上的教师

1. 克服困难的勇气与坚韧不拔的毅力

任何困难也阻挡不了我们朝着目标前行的步伐，"石头缝里也要长出参天大树"。努力发挥自己的优势，以坚韧不拔的毅力做到最好。即便是贫瘠的土地，也要长出丰硕的果实。

2. 做一名学习型教师

从某种意义上说，教师需要不断学习，学习是教师专业发展的基础。

（1）什么是学习型教师？在终身学习的社会背景下，教师更应该成为终身学习者。第一，要具有终身学习的理念；第二，要不断激发终身学习的动机；第三，要培养终身学习的习惯；第四，要掌握终身学习的方法；第五，要充分认识到教师的学习不仅仅是个人的学习，更是置身于"学习共同体"当中的学习，是一种合作学习。

（2）养成自主学习的意识，提高自主学习的能力。

①什么是自主学习？自主学习就是自学，就是学习者自我定向、自我监控、自觉主动学习的活动。没有人要求你必须学习，没有人规定你学习什么，一切都源于学习的内在需求和自觉的行为：学习内容自己决定、学习方法自主感悟、学习时间自主安排。

②激发自主学习的驱动力。教师自主学习的驱动力来自内驱力和外驱力两个方面。内驱力包括：学习习惯、学习兴趣、职业良知等；外驱力包括：职业道德、获得奖赏、避免惩罚等。俗话说，习惯成自然，当学习成为一种生活方式的时候，就说明已经养成了良好的学习习惯，不以学习为苦，而以学习为乐。

③培养自主学习的能力。第一，保持好奇心，不断吸收新知识、新技能。第二，敏于发现，善于探究。第三，学以致用，发挥最大的学习效用。第四，融会贯通，勇于创造。

（3）置身"学习共同体"合作学习。"要实现合作学习的目标，幼儿园教

师就要以一种开放、包容的心态融入学习共同体之中，共同营造信任、合作、互助的氛围与文化，并且明确个体在共同体中承担的责任，积极参与和互动，达到个体学习与群体学习双赢的目的。"①

3.以积极心态对待教育工作

歌德有句名言："如果工作是一种乐趣，那么人生就是天堂。"既然我们已经选择了教育工作，那就要把教育工作当成乐趣，而不仅仅是谋生的手段，由靠教育而生存变为为教育而生存。

要用心做教育，培养对教育的兴趣。一般来说，兴趣是培养出来的，而不是天生具有的。即使表面上看不出工作对兴趣的影响，但潜移默化的影响还是存在的。随着工作后深入了解，人会对自己从事的工作产生深厚的感情。"天下无难事，只怕有心人。"只要用心去做，其实并不难。对待工作高度负责的态度可以激发出对于工作的兴趣。工作不仅要"爱一行，干一行"，更要"干一行，爱一行"。动辄以"没有兴趣"为借口，对工作敷衍了事，或这山望着那山高，频繁跳槽，是相当不可取的。既然选择了教师这一行，就要以满腔的热忱来对待教育工作，体验工作本身的乐趣，获得幸福感。

（三）克服消极心态

1.消极心态的特征

（1）总是在关键时刻怀疑自己。

（2）总是将消极情绪传染给他人，传播负能量。

（3）悲观失望，抱怨他人与环境。

（4）因为行为消极，而使仅有的希望彻底破灭。

（5）常常自我设限，导致无法发挥自己的潜能。

---

① 教育部教育工作司.幼儿园教师专业标准（试行）解读［M］.北京：北京师范大学出版社，2014：79.

（6）生活在负面情绪中，不能享受人生固有的乐趣。

2. 消极心态滋生的苦果

消极心态滋生出的苦果有：气馁、索取、虚荣、空谈、自满、易怒、牢骚、懒惰、自大、狭隘、宿命、冷漠、忧虑、被动、混日子、抱怨、嫉妒、无聊、绝望、脆弱、犹豫、自卑、贪小利、愤恨、放纵、推诿、侥幸、自闭、急躁、自私、拖沓、怯懦、虚伪、怕吃苦。

3. 矫正消极心态

（1）对待别人要多表扬少批评；批评要对事不对人；解决问题而不是追究问题；不要打击别人的自信心。

（2）当接收到别人的消极心态信号时，一是要能识别，要清楚地认识到是对方心态消极，自己不能受其影响；二是要对自我有正确的认识与定位；三是要有勇气提醒对方。

（3）确定自己的目标。有了目标就有了努力的方向。

（4）要乐观向上，积极忍耐，不纠缠于小恩小怨，不因为一时之疑、一时之辱而耗费太多的精力。

（5）爱心关怀，无私助人。爱人者，人爱之；助人者，人助之。

（6）建立良好的人际关系。人生85%的快乐由人际关系决定，15%的快乐来自个人成就。

（7）寻找一种适合自己的排解负面情绪的方式。比如，转移注意力、看书、运动、聊天、唱歌、听音乐等。

（8）缺乏自信时，可以将自己的优点列出来，进行积极的自我对话；停止和别人进行比较，珍惜自己所拥有的；把注意力放在自己做得好的或成功的事情上。

（9）遭遇挫折感觉无助时，学会换个视角看问题，看到坏事的光明面，相信事态会有好的发展；并发挥自己的创造力，创造性地解决问题。

（10）感到伤心难过时，要舒缓情绪，改善心情。

（11）担忧焦虑时，一是接受不可改变的现实；二是让自己放松，平复心情。

（12）愤怒生气时，一是要深呼吸缓解情绪；二是以同理心对待事情与问题，体谅对方。

（13）当压力大、感觉喘不过气来时，要列出事情的优先顺序，并根据自己的实际需要进行取舍。

（14）感觉无能为力时，要善于启用社会支持系统，寻求帮助。

第四节 以感恩心态抬头乐干

一个人是否具有感恩之心，直接影响其幸福指数。常怀感恩的人善于感悟人与事物美好的一面，"滴水之恩，涌泉相报"，在施恩与回报的过程中，人与人之间的关系会变得越来越和谐，幸福感就会油然而生。

一、什么是感恩心态

感恩心态，就是要有一颗感恩的心。如果有一颗感恩的心，就会对所遇到的一切抱持感激的态度。感恩是一种美好的感情，它让我们无论遇到什么情况、什么事情，都会从积极的一面去理解、去体会，从而心存感激。

感恩是一种自觉而不求回报的奉献。每个人都有意无意地为别人付出，同时也接受着别人的付出，这就是作为社会人的存在方式。俗话说，知好歹，有恩当报。说的就是一个人要能感受到别人的付出，并要让感恩成为一种自觉，让奉献成为一种不求回报的自觉，这是感恩心的体现。

感恩也是一种利己利人的责任。现代社会分工越来越细，可以说人类生存已经成为一个庞大的系统，每个人都是其中的一个节点，每个节点都在承担着不同的责任和义务，都有自己的价值和意义。我们感恩于在这个系统中所获得的一切，就要尽到自己的职责、体现自己的价值。因此，感恩也是一种责任。具有了感恩之心,就会在感谢他人付出的同时,考虑今后自己该怎样回报别人的付出,怎样为别人做得更好。

感恩同样也是一种尊重。尊重他人的付出,尊重他人的劳动,尊重身边的每一个人,尊重就是一种感恩。打个简单的比方,感恩清洁员每天清洁卫生的劳动,就会自觉不乱扔垃圾;感恩老师的教导,就会努力学习;感恩父母的辛勤付出,就会孝敬父母……

二、塑造感恩心态的四种方法

(一)常怀感恩一切之心

我特别喜欢一首歌《感恩一切》,这首歌的歌词是这样的:

感恩每一滴水珠,它把我来滋养;
感恩每一枝花朵,它带给我芬芳;
感恩每一朵白云,编织我的梦想;
感恩每一缕阳光,托起我的希望;
感恩啊感恩,感恩的心儿多么虔诚;
感恩啊感恩,感恩的歌儿用心吟唱。
感恩亲爱的父母,给予了我生命;
感恩敬爱的老师,教会了我成长;
感恩帮助过我的人,使我感受善良;
感恩伤害过我的人,让我学会坚强;
感恩啊感恩,感恩的心儿多么虔诚;
感恩啊感恩,感恩的歌儿用心吟唱。

感恩是一种态度,感恩是一种情感,感恩更是一种爱的行为。学会感恩,你的内心会豁达开朗;学会感恩,你会对世界所有的美好心存感激;学会感恩,你的生活会充满快乐;学会感恩,即便是苦难,你也会当作上天赐予的礼物，让你变得更加坚强。

（二）感恩生活

每一个人生活在社会上，酸甜苦辣咸五味俱全。有些人得意时会忘形，随之而来的可能是失意或者惨痛的教训，现实生活中这类案例比比皆是；失意时很容易产生抱怨，这是很危险的，因为抱怨对我们的工作和生活无一利而有百害。在事业处于巅峰、生活美满时要感恩，感恩机缘，感恩所有帮助过你的人、支持你的人。感恩使你能够淡然面对自己的成功，而不会沾沾自喜、得意忘形，从而走得更远；当你处于逆境中或遭到不公正待遇时，感恩会使你更加坚韧不拔，放开胸怀坦然做事。我们要学会充满感恩地生活。在喧嚣而忙碌的生活中，或许很多时候我们无法改变环境，但我们可以掌控自己的心情。只要有一颗充满阳光的感恩之心，人生便处处充满阳光。

（三）感恩我们遇见的"贵人"

一个人一辈子会遇见很多"贵人"，只是有感恩之心的人能够感受到贵人的存在，而缺乏感恩之心的人总是在抱怨中生活。以下列举一二，这些有恩于你的"贵人"你能感受到吗？

第一，要感恩国家和社会。感恩我们国家综合国力的提升与经济发展给我们带来的福利，国民的物质与文化生活都得到了提升与改善。多一些实际行动，少一些高谈阔论甚至抱怨，主动积极为国家的振兴与发展、社会的和谐与进步尽责尽力。

罗师傅的故事

我们幼儿园有一位保安罗师傅是退伍老兵，他在部队时是通信兵，坚守在稀无人烟的高山峻岭近20载，每天翻山越岭检修通信线路，曾多次荣立军功。退伍后罗师傅被安排在了一家工厂工作，在经济体制改革时，他下岗了，但他从来都没有拿出军功章要求国家照顾，下岗后自谋出路，拉过车、工地上扛过砖……一个偶然的机会我认识了他，正好我们幼儿园需要招聘一名保安。第一次跟他交谈的时候，他说，感谢政府每个月都发给他1000多元的生活补助。当说起那些军功章的时候，他却非常淡然地说："那都是过去的事了。"他在我们幼儿园工作，每天都认真负责，传播满满的正能量，赢得了大家的赞誉。

第二，要感恩我们身边的人。我们要感恩父母，是父母给予了我们生命，抚养我们长大成人；感恩老师对我们的教育之恩；感恩领导对我们的提携之恩；感恩同事对我们的知遇之恩；感恩伴侣对我们的陪伴之恩；感恩子女让我们有了牵挂……感恩是人世间最美好的情感。

（四）善于发现生活中的感动

生活处处充满感动，在于你是否拥有发现的眼睛和会感受的心灵。要善于观察生活，你会发现原来生活中处处都存在着感动。

感恩使我们的生活充满温馨；感恩使我们的灵魂更加纯净；感恩使我们的生活充满爱与希望；感恩让我们的心态更加平和；感恩让我们善于体会当下的幸福。

第五节 以共赢心态抬头乐干

人是具有社会属性的，每一个人在社会上生存与发展都离不开他人的帮助，同时也要乐于帮助他人。一个不会帮助他人的人必然会在群体中成为不受欢迎的人。互惠互利、合作共赢既是一种生存之道，也是追求幸福之法。

一、什么是共赢心态

（一）共赢是相互扶持带来的各取所需

有这样一则故事：

一个使者考察天堂和地狱。他下到地狱的时候发现，被罚到这里来的人一个个饿得面黄肌瘦，每天都非常痛苦。是地狱没吃的吗？不是。问题就出在提供的勺子太难用了。每个人手里都拿着一把一米长的勺子，尽管勺子里装满了食物，但是怎么也放不到自己的嘴里，越想吃东西，内心就越受煎熬。使者又来到了天堂。这里每个人都红光满面，精神焕发。但是他发现，天堂里的人吃的食物和地狱里的人吃的食物没有差别，每个人使用的勺子也跟地狱的一样，不同的是，天堂里的人用长把勺子互相喂食。

这则故事告诉我们：大家要相互扶持、相互合作，才能各取所需，其乐融融。

（二）共赢是互惠与互赖

有这样一则故事：

兔子和乌龟第一次赛跑，兔子见乌龟跑得慢，就在中途打盹睡着了，结果输给了乌龟。兔子不服，又进行了第二次赛跑，这一次兔子接受了教训，没有打盹，结果兔子赢了。乌龟又不服了，申请了第三次比赛。这次，乌龟要求由自己来指定路线，乌龟指定的路线中包含了一条河，兔子不会游泳，结果乌龟赢了。这样一次又一次，不是乌龟赢兔子输，就是兔子赢乌龟输，两者都没有发挥出优势。最后，它们不再一味追求个人争胜，转而互相帮助，各自发挥自己的优势并帮助对方解决薄弱的一面，在陆地上由兔子背着乌龟跑，在河里则是乌龟驮着兔子游，结果它们同时以最快的速度到达了终点。

这则故事里的乌龟与兔子最终以互惠互赖实现了双赢。

二、建造共赢的职业乐园

（一）从我走向我们，实现统和综效

人生有"三成"，即"不成""小成""大成"。有一种人的思维模式永远停留在"你为我负责"，凡事受别人的控制与影响，凡事归因于他人与客观因素，这类人终将一事无成，这就叫"不成"；有一种人不善于合作，总是孤军作战，尽管主观上很努力，但只能取得有限的成就，这就叫"小成"；还有一种人，他们善于合作、懂得分享，有共赢的思维品质，这样的人能成就一番轰轰烈烈的事业，实现人生的成功，这就叫"大成"。

1. 众人拾柴火焰高

一个"人"字读作"人"，两个"人"在一起便是"从"，三个"人"在一起则是"众"，众人拾柴火焰高。人是社会动物，人字的构成有一半是自己，另一半是他人。人既具有个体的属性，需要有个性，过于强调集体必然会压抑个性；同时又具有集体的属性，人过的是"类生活"，而不是离群索居的生活。如果世界上只剩下你一个人，你的价值何以体现？又有谁来认可呢？所以，一个人的成长和发展绝不是单枪匹马的奋斗，而是要通过与他人的沟通和共同参与而发挥其最高的潜能。

2. 尊重差异，差异也是一种美

"一枝独秀不是春，万紫千红春满园。"百花园中正因为有不同的花儿，才可能组成万紫千红满园春色。差异本身也是一种美。

在团队中人与人的相处也是一样，要学会尊重差异，接纳差异，包容差异，不挑剔，不嫌弃。既知道自己想要的是什么，又要尊重对方的不同想法和意见，不能要求对方一定按照你的想法和意见，符合你的标准行事，在决策中求大同、存小异。正如孔子所言："己所不欲，勿施于人。"既不勉强别人而给别人造成压力，又避免被人勉强感到不舒服。这是一种精神上的共赢。

面对差异，我们要多一分理解、多一分体谅、多一分宽容。

3. 互利共生，协同发展

关于互利共生有如下解读：所谓的"共生"，可以简单地看作生物生活在一起，相互之间直接或间接不断发生某种联系，这种联系可以分为：①互利共生，即对相互作用的双方都有利；②共栖，即只对一方有利，但对另一方无害；③寄生，即对一方有利，而对另一方有害。互利共生可总结为：不同物种的个体生活在一起，相互都受益的关系。我们把这种自然界生物之间的互利共生应用于人类社会中人与人之间的关系，就是要让你的合作者生活得更好，你才能更好地生活，这就是协同发展、互惠共赢。

4. 以双赢的智慧微笑竞争

竞争有多种形态，微笑竞争是一种双赢的智慧。竞争不只有我赢你输，竞争也绝非尔虞我诈、明争暗斗；竞争可以是双赢共好、携手同行。竞争者可以敞开心胸，携手进步；可以在相互关爱中实现双赢共好；可以在互惠的阳光照耀下开出和谐之花。

5. 精诚合作，实现共同的目标

"人心齐，泰山移""独脚难行，孤掌难鸣""水涨船高，柴多火旺""三个臭皮匠，赛过诸葛亮""一块砖头砌不成墙，一根木头盖不成房""一个篱笆三个桩，一个好汉三个帮""一根竹竿容易弯，三根麻绳难扯断"……诸多谚语名句都说明了精诚合作的力量。

（二）确立共赢思维

宋振杰在其所著的《黄金心态》中提出：在现实生活中，普遍存在着"赢输思维"或"单赢思维"。所谓赢输思维，就是只顾自己的利益，只想自己赢、别人输，把自己的成功建立在别人的失败上或把自己的快乐建立在别人的痛苦上。这种思维模式是一种"大恶"的思维模式和行为方式。所谓单赢思维，则是只想得到自己所要的，虽然不一定想让对方输，但因为其求胜心切，也会全然不顾他人的利益和感觉。具有这种思维模式的人往往以自我为中心，不顾他人，是一种"小恶"的思维模式和行为方式。

具有赢输思维模式和行为方式的人，最终会"搬起石头砸自己的脚"；而具有单赢思维模式与行为方式的人，只能小成而不能大成。而共赢思维，是一种双赢、多赢的思维模式。这种思维模式的特质是在竞争中求合作，寻求共同的利益，即"共赢共好"。这是一种"大善"的思维模式和行为方式。我们可以借鉴以下几种法则形成共赢思维：

1. 相互借助的跳棋法则

跳棋的游戏规则需要借助自己的或对方的棋子跳过去前进。我们应该提倡的是和谐竞争、微笑竞争，有时候对手之间也可以相互帮助。所谓的"站在巨人的肩膀上"，说的就是借助的力量。我们要善于发现工作与生活中的各种"巨人"，也就是资源，减少不必要的重复劳动。

2. 自觉协调的海狸法则

海狸法体现的是一种自觉协调的原则。海狸是一种海边群居的动物，它们总是不知疲倦地修筑堤坝，防止海浪的冲击。在修筑堤坝的过程中，它们能够自觉协调共同搬运石块。修筑堤坝是一项团队工程，但并不是由一只海狸来发号施令指挥作战，而是由每只海狸自己决定应如何进行工作，它们相互尊重，相互信任，并发挥自己的判断能力来共同完成一项工作，体现的是一种自觉自主的互助、互利。教育工作需要教师协同完成，在幼儿园中，班级里的3位老师也需要合力完成班级各项工作，实现育人的目标。

3. 交替引领的大雁法则

大雁在长途飞行的时候，排成不同的队形，不管什么队列队形，都需要有一只领头雁。而领头雁是轮流充当的，体现的是一种交替引领的原则。因为如果固定让一只大雁领头，当它疲劳的时候整个队伍的速度就会慢下来，而轮流来当既保证了队伍的速度，又锻炼了每只大雁的能力。

在幼儿园团队建设中，需要名优教师来当"领头雁"，但也不能只依靠个别的名优教师，如果大事小事都依靠他们，一方面会使名优教师疲于奔命，没有更多的时间钻研业务，同时，时间久了也容易沉浸于优越的虚荣中；另一方面会使其他教师永远处于被动的位置，能力得不到锻炼。所以，应当创造更多的机会，让每个教师都能得到适当的锻炼，人尽其才，培养更多的领头雁，让团队中的每一个人都能发挥优势与特长。

4. 团队齐心协力的蚂蚁法则

如果你观察过"蚂蚁搬豆"，那么一定必会被蚂蚁的团队精神所折服。有人曾拍视频记录蚂蚁搬动比它们身体大几百倍的肉块，它们推的推、拉的拉、抬的抬，前赴后继，最后将肉块搬入了大本营。团队齐心可以达成个体所不能达到的目标，而最终受益者是团体中的每一个成员。看过《动物世界》的人都知道：在非洲大草原上，能让大象退避三舍的十有八九是蚂蚁军团。蚂蚁虽渺小，但团结起来却力量强大。有一种生活在热带雨林里的蚂蚁，在遇到森林大火时，会聚在一起抱成一个球并滚动起来，逃出火灾，抱在最外围的蚂蚁被烧死了，却为里面的蚂蚁赢得了生存的机会，这就是"同舟共济"求生存。

（三）幼儿教师的共赢之策

1. 与领导共赢

（1）爱岗敬业，积极主动，责任心强。爱岗敬业是从业人员对待职业的一种态度。爱岗就是热爱工作岗位，以自己从事的职业为荣；敬业就是用恭敬、严肃和认真的态度对待所从事的职业。爱岗敬业表达了从业者对职业饱含深情（职业情怀）、忠于职守、勤奋努力的思想品质和道德境界。爱岗敬业是教师职业的本质要求；没有责任就办不好教育，没有感情就做不好教育工作。教师应始终牢记自己的神圣职责，志存高远，把个人的成长同社会主义伟大事业、同祖国的繁荣富强紧密联系在一起，并在社会变革和教育实践中履行自己的光荣职责。

要对自己的工作充满敬畏，不可有丝毫的懈怠。工作意味着责任，这份责任绝不仅仅是按时上下班，不迟到早退，那只是最基本的工作纪律，是底线。敬业更包含对自己的工作追求完美，这其中包含职业态度、职业精神、职业情怀、职业行为等。在履职的过程中要积极主动，对领导、对事业要表现忠诚。这是与领导共赢的基础，领导一定会看到你的忠诚、敬业与责任感，你展现自己的机会与平台就会更多。在服务他人的同时自己也获得成长，这就是共赢。

（2）成长优先，不与上司争名利。无论何时，都要把自己的专业成长与能力提升放在优先位置。当工资待遇与发展的平台不协调的时候，要优先考虑成长；当领导或上司布置额外任务的时候，首先要认识到这是一个机会，或许领导就是通过这个机会观察你、考验你、磨炼你。要把握机会，不要轻易拒绝，要认真对待，全力完成任务；这正是你大显身手的好时机。做出成绩后一定要低调，越是低调，领导就越看重你的人品，你的机会也会越多，当然，你付出的也相应更多，不知不觉中锻炼了能力，提升了专业水平。

2. 与同事共赢

（1）真诚关心，尽力帮助。关怀他人，快乐自己。你的真诚，一定会得到回应。关心有时候是一种态度，一句亲切的问候、一个友善的眼神、一个微笑、关键时刻的关怀都会令同事感动，你也会赢得大家的好感。

我们一起走

2012年，我调到一个新的教研部门任职，不同的地域、不同的同事、不同的工作性质，一切都是陌生的，内心难免忐忑。上班的第一周，有个活动是受一所学校的邀请参加他们的一个研讨会。我的一位同事主动跟我说："余老师，等会你搭我的车，我们一起走。"那份感动我至今铭记于心。后来说起时，她说，当时想到，对方学校的人都不认识我，跟她一起去会比较方便。一句简单的话、一个平常之举，却可感受到这位同事真诚的关怀。她也因此获得了我永远的信任与好感。

（2）换位思考，避免争吵。在与同事相处中难免会因为观念不同或利害关系的冲突而发生争执。这时，要有同理心，能够将心比心，设身处地去体谅他人；要心平气和，要有宽阔的胸怀。不要只逞口舌之快，口舌之争是没有胜利者的，因为损害了相互之间的良好关系。

（3）谦虚谨慎，不居功自傲。做出一点成绩的时候，更要谦虚谨慎、低调做人，千万不要居功自傲、自吹自擂；要理性对待同事的恭维。要感激他人对你的支持与帮助；要与同事相互欣赏、相互理解、相互信任；以虚心谨慎、开放包容的心态对待同事，这样才能促进人际关系的和谐，让自己的成长道路更加顺畅。

（4）积极向上，传播正能量。每个人身上都有正、负两种能量。我们要善于发掘自己身上的正能量并运用和传播更多的正能量；当出现负能量的时候，要学会拒绝或将负能量转化为正能量。同样一件事，以正向的信念理解与解读的时候，产生的是正能量；以负向的思维理解与解读的时候，产生的可能就是负能量。在人际交往中，我们常常有这样的体验：和某些人打交道让你感觉特别好，他们身上的正能量会传递给你，让你感觉到人生的快乐与美好，同时那份热情与激情也会深深感染你，促使你朝着这个方向去努力。而另一种人，当你与他在一起的时候会感到情绪低落，消极懈怠。因为这种人身上有太多的负能量，让你感觉世界一片黑暗。所以，做一个具有正能量的人非常重要。

（5）团队协作，勇于担当。要团结协作勇于担当，卓越的人不会争功诿过。要善于发现集体的智慧，要认识到一项任务的完成是团队作战的结晶。当别人让功于你的时候，要心存感恩，而不能认为理所当然；当遇到问题或困难，甚至犯了错误时，要敢于担当，分析、反思对策而不是相互推诿。这样你一定会获得更多的机会，同时在集体中体验更多的幸福感。

3. 与下属共赢

（1）善于激励，巧用赞美。人人都需要赞美，渴望得到欣赏是人性中最深层次的需求，赞美可以让人获得自信与力量，对下属的真诚赞美就是对其最大的激励。因为赞美与认同是对其最好的承认和重视，能够激发他们的潜能和积极性。物质奖励不是万能的，赞美可以弥补物质奖励不能达到的效果。所以，激励员工的一个重要策略就是"赞美"。第一，赞美要及时；第二，赞美要真诚；第三，赞美要恰当。

（2）培养下属，助其成长。培养下属要真诚，要设身处地地为其发展前途着想，以可持续发展的眼光为下属的发展创造最大空间与可能性。既要为下属的成长搭建平台，又要提供全面的支持，为下属提高专业水平与能力提供机会与条件，比如，积极争取外出学习培训的机会，营造团队内部良好的学习氛围，在工作实践中培养下属、锻炼下属，在互动中影响他们，促进他们成长等。我曾在一所幼儿园担任园长 15 年，我和下属共同成长。我们幼儿园从对教育科研一窍不通到成为省教育科研先进单位、省教育科研强校，我的下属们都获得了很好的成长；我个人也在培养和帮助下属成长的过程中获得了专业上的不断成长。有一位从外校调来的老师深有感触地说："在这里让我感触最深的是，只要自己想要，就有机会和平台。"对于领导和下属来说，真诚地培养下属帮助其成长就是一件共赢的事情。

（3）善于授权，人尽其才。管理者要懂得授权的艺术，这样不仅有利于下属的成长，更有利于与下属建立起良好的信任关系，激发员工的工作积极性，提升团队的战斗力。还有一个好处就是能让自己从繁忙的事务中解脱出来，有更多的时间思考学习，宏观地把控与决策。

我崇尚"无为而治"的管理思想，这是一种管理的大格局。无为而治有三个关键要素：应天性——以教师的"心"为本；少干涉——克服"管住""控制"的想法；善授权——掌握授权的艺术与节奏。无为而治的前提条件是：组织内部形成了一种目标一致的"文化自觉"。这种文化自觉的形成一是要有一套科学的组织管理网络体系，二是要有有效的学习型团队，这是管理者的有所为。而有所不为则是善授权、少干涉，依靠团队来完成日常工作，实现无为而为。

（4）主动沟通，关怀关切。很多时候，不理解是因为沟通不畅导致的。一定要建立主动与下属沟通的机制，形成管理上的惯例。我现在任职的这所幼儿园是集团化的，有三个园区。要及时了解与掌握整个集团员工的思想动态、生活状况的确不容易，但如果不与下属沟通，很多情况不能及时准确了解。我与领导班子成员探讨畅通沟通渠道的方式，达成以下共识：

第一，建立班子成员进各园区轮流值周制。一个月里每位领导班子成员都有1~2周在某个园区值周，以多种方式与教职工沟通，适时了解情况。

第二，建立交流制度。比如，周五班子交流制度、月末组长以上干部交流制度、定期聚焦议题的讨论交流制度等。

（5）不与下属争功利。团队成功，就是单位领导最大的成功。在利益面前要能舍，要多让下属有所收获。当下属感到有收获时，工作就会全力以赴，团队成功了，你的事业也就成功了。有舍才有得，大舍才能大得。

本章小结

最后，我用《九只狐狸的故事》来做本章的小结。

九只狐狸的故事

盛夏酷暑，一群口干舌燥的狐狸来到葡萄架下。一串串晶莹剔透的葡萄挂满葡萄架，狐狸们馋得直流口水。可是葡萄架很高，摘不到葡萄，怎么办呢？

第一只狐狸跳了多次摘不到，四处看看，没有什么工具可以利用，笑笑说："这里的葡萄一定特别酸。"于是，心安理得地走了。

第二只狐狸心想："我一定要不怕万难，不吃到葡萄誓不罢休。"它一次又一次跳起来，最后，累死在葡萄架下。

第三只狐狸因为吃不到葡萄整天闷闷不乐，抑郁成疾，不治而亡。

第四只狐狸摘不到葡萄，心里想："连个葡萄都摘不到，真无能，活着还有什么意思呀。"于是，找了个树藤上吊而亡。

第五只狐狸吃不到葡萄便破口大骂，被路人一棒子了结了性命。

第六只狐狸抱着我得不到的东西绝不让别人得到的阴暗心理，想一把火把葡萄园给烧了，遭到了其他狐狸的共同围剿。

第七只狐狸因为吃不到葡萄气急败坏而发疯，嘴里念念有词：吃葡萄不吐葡萄皮，吃葡萄不吐葡萄皮……

第八只狐狸跳了几下摘不到，就想办法从附近找来了一架梯子，爬上去满载而归。

第九只狐狸想不劳而获，到第八只狐狸那里偷些葡萄吃，受到了应有的惩罚。

又有一群狐狸来到了更高的葡萄架下，经过友好协商，它们利用叠罗汉的方法，成功摘到了葡萄，共享成果，皆大欢喜。

该故事的心理学解释如下：

第一只狐狸就是心理学常讲的合理化，人遇到困难时如果做不到就会建立防御机制，认为目标没有多大意义而放弃。

第二只狐狸虽然比较有意志力，目标意识也很强，但有勇无谋、喜欢孤军作战，最后活活累死了，也没有达到目标。

第三只狐狸抗压力弱，面对困难和困惑只知道怨天尤人，心态消极。

第四只狐狸对自己要求严格，不豁达，耐受性差，在挫折与困难面前没有足够的信心和勇气，以偏概全，自我否定，最容易出现心理问题。

第五只狐狸遇到问题总是从外部找原因，容易产生过激行为，很少获得人生乐趣。

第六只狐狸缺乏自我认可，嫉妒心和报复心强，容易自卑和偏激。

第七只狐狸心理承受能力弱，对打击与失败过于敏感，有些神经质。

第八只狐狸具有积极的思维模式，确定了目标，然后能够借助合适的外部资源，采用有效的方法达成目标。

第九只狐狸有能力但道德发展不健全，可能从小家庭教育环境出了问题。

最后出现的一群狐狸很有团队精神，它们积极主动、合作共赢，合乎当今时代倡导的主流精神，即团队赢，个人才赢。

读完了本章，你愿意做哪只狐狸呢？

【本章参考文献】

［1］Carr A.积极心理学：关于人类幸福和力量的科学［M］.郑雪，等译校.北京：中国轻工业出版社，2008.

［2］教育部教育工作司.幼儿园教师专业标准（试行）解读［M］.北京：北京师范大学出版社，2014.

［3］欧阳明.做一名学习型教师：教师专业发展的务实行动［M］.上海：华东师范大学出版社，2010.

［4］宋振杰.黄金心态［M］.北京：北京大学出版社，2007.

第二章 构建积极和谐的人际关系

本章导读

人际关系,是指人们在社会生活中物质和精神交往过程中产生和发展起来的、以情感为基础的、人与人之间的相互关系。人际关系的和谐与否直接影响着人的幸福感。

在人际关系的范畴中,配偶、亲戚、朋友、同事等都与幸福感相关联。心理学家经过大量广泛的调查和研究发现,幸福与重要的人际关系密切相关。影响幼儿教师幸福感的人际关系,一是工作领域相关的重要人际关系:家长、幼儿、领导、同事、下属等;二是社会领域的重要人际关系:朋友之间的友谊、熟人之间的互惠互利;三是家庭中的重要人际关系:配偶、子女、长辈、亲戚等。在所有的重要关系中,都应该保证自己做出平等互惠的行为而不是自私自利的行为。本章并非研究与论述幸福与人际关系之间的相关性,这些在各类心理学著作中皆有详述。本章阐述的重点是作者基于本人的经验与体会,与大家分享做一名幸福的幼儿教师必须要构建的积极和谐的重要人际关系,应该如何使这些人重要的直接影响幼儿教师幸福感的人际关系处于积极和谐的状态。幼儿教师应以怎样的态度、从何种视角、采取何种策略,促进关系的积极良性循环,从而增加自己的幸福感。

第一节从总体上阐述亲和力在建立良好的人际关系中的重要意义,并提出了修炼亲和力的建议;第二节主要阐明幼儿教师如何主动积极构建和谐的

家园关系，促进家园在教育孩子问题上的良性互动，增加自己的职业幸福感；第三节主要说明如何做一名让幼儿喜爱的老师；第四节是构建积极和谐的同事关系的策略；第五节阐明怎样做一个让领导放心的幼儿教师；第六节讲在营造积极和谐的家庭氛围中我们应承担起责任，发挥自己的关键作用。

第一节 修炼亲和力，拉近心灵的距离

亲和力可以拉近人与人之间的心灵距离，在构建积极和谐的人际关系中起着至关重要的作用。亲和力不是天生的，而是后天修炼而成的。我们要善于在工作和生活中主动修炼自己的亲和力，这也是与人生幸福相关的重要因素之一。

一、什么是亲和力

亲和力的狭义概念是指一个人或一个组织在所在群体中的亲近感，广义概念是指一个人或一个组织能够对所在的群体施加的影响力。亲和力指使人亲近、愿意接触的力量。亲和力是人际关系能力的综合体现，它具有主动控制人际交往的魔力。卡耐基曾说过："亲和力能让大事化小，小事化了。"一个具有亲和力的人在人际交往中既让人感觉舒适可亲近，又容易沟通，使双方感觉愉快。

二、有亲和力的幼儿教师备受认可

有亲和力的教师会受到别人的喜爱和认可。以下是我园三位教师的故事。

备受家长喜爱的吴老师

吴老师年龄偏长，是由小学教师转到幼儿园来当幼儿教师的，相比学前教育专业出身的教师，她的专业基本功显得逊色。但非常奇怪，每年新生入

园的时候，总有家长慕名要求自己的孩子进入吴老师的班级。经过观察、多方了解，我明白了其中的缘故。原来吴老师备受认可得益于她的亲和力。她具备八心：诚心、热心、细心、耐心、爱心、善心、同理心、宽容心。

让章老师考编到我们乡镇来

分管教育的副乡长来我园联系公务，正值孩子们早操时间，各班老师带领着自己班级的孩子到操场做早操。副乡长观察了一会儿，问我："那位老师叫什么名字？今年是否考编？"我说那位老师今年要考编的，她叫章××。副乡长说："园长，你动员她考编到我们乡镇来吧。"

原来是章老师阳光般的笑容、自信的神情以及与孩子们互动的融洽打动了副乡长。

孩子在王老师班里，我们感到特别放心

王老师是我们幼儿园特别具有亲和力的教师，她班里的家长工作做得得心应手，每一届家长都说：孩子在王老师班里，我们感到特别放心。她班里的学生家长也是奇怪，无论什么活动都特别配合，而且会主动帮助老师解决班级里的一些问题。因此，原本有些"难弄"的家长也都在班级文化的氛围中被感化了。

上述几个案例，有一点是一致的，那就是老师的亲和力打动了他人，这就是亲和力的力量。

三、幼儿教师修炼亲和力的"八心"

1.虚心

虚心是指谦虚，不自满，不自大。虚心的人善于听取别人的意见，善于听取别人意见的人才能给人亲和感，俗话说：虚心使人进步。相反刚愎自用、

固执己见的人只会让人不敢接近。

幼儿园教师在与家长交流的时候，往往会不知不觉地以专业人员自居，听不进家长的意见与建议，一旦听到不同的意见就会认为家长不配合。当今社会已经进入了信息时代，家长们越来越重视孩子的教育与成长，在教育孩子的问题上有自己的见解与观点是很正常的。虚心是获得认可的必备品质。修炼亲和力要从虚心开始。一是要懂得：忠言逆耳利于行。人无完人，每个人都有做错的时候。当有人提出建议或意见时，要懂得反思与吸纳。二是尽量少"王婆卖瓜，自卖自夸"，即自我夸大，自吹自擂。真正博学多才的人往往不急于表现自己，而是洞察对方，相机行事；对知识怀有敬畏之心，不断吸纳来自各方面的信息与意见来充实自己。博学者越低调，越受人尊敬，越具有亲和力。

2. 诚心

诚心既包含了真情实意之意，也包含了诚实守信之行，即对人要真挚诚恳。每个人都希望得到别人的真诚相待，许多人会把一个人是否诚心作为评判其是否值得交往的重要依据。与人为善，真诚待人，往往也会收获别人对你的真诚。诚心是人际交往中被别人欣赏的一个重要品质。答应了就要想办法办到，做出的承诺就要想办法兑现。

3. 热心

热心就像冬天里的一把火，能温暖人的内心；热心的人像太阳，照到哪里哪里亮。遇到难处的时候，有人热心帮助你，你会感到特别温暖与感动并会感恩于心；同理，如果你在别人需要帮助的时候帮一把，也会收获别人的感激。

4. 细心

在人际交往中细节往往会给人留下深刻的印象。留意一些不被人注意的细节，往往会给你带来意想不到的收获。关注细节有时会影响你一生的幸福和成就。比如，一个细心的人在首次见面后便记住对方的姓名，再次见面能够立即说出对方的姓名,这会让对方有一种被重视、被关注的感觉,从心理上就拉近了彼此的距离。相反,如果朋友、同学忘记了你的名字或者张冠李戴,你的心里势必会不舒服,自然就在心理上拉开了距离。我们幼儿园有一位保安,每天孩子们刷卡进园的时候他都非常用心地记住每一位孩子的姓名,孩子们问早的时候,他总是能叫出孩子的姓名并给予回应,幼儿园的每一位家长和老师都觉得这位保安特别有亲和力。关注细节并非提倡处处谨小慎微、缩手缩脚,而是在人际交往中真心付出。

5. 爱心

爱心指的是关怀、爱护人的思想感情。对长辈的孝敬是爱心;对幼者的爱护与教育是爱心;对弱者的同情与帮助是爱心;对爱人的忠贞是爱心;对国家的热爱是爱心……一个具有爱心的人一定是具有亲和力的人。对教师来说,爱心是做好教育之根本。幼儿教师之爱具有特殊的内涵与意义,在第五章中有专题进行阐述,在此不做赘述。

6. 耐心

耐心是不急躁、不厌烦。作为一名优秀的幼儿教师,耐心非常重要。耐心不是消极被动等待,而是坚持。教育就像"牵着蜗牛去散步",你以足够的耐心陪伴、支持孩子成长的过程,也是享受孩子带给我们感动与美好的过程。

牵着一只蜗牛去散步

张文亮

上帝给我一个任务,
叫我牵着一只蜗牛去散步。
我不能走太快。
蜗牛已经尽力爬,为何每次总是那么一点点?
我催它,我唬它,我责备它,
蜗牛用抱歉的眼光看着我,

仿佛说:"人家已经尽力了嘛!"

我拉它,我扯它,甚至想踢它,

蜗牛受了伤,它流着汗,喘着气,往前爬……

真奇怪,为什么上帝叫我牵着一只蜗牛去散步?

"上帝啊!为什么?"

天上一片安静

唉!也许上帝抓蜗牛去了!

好吧!松手了!

反正上帝不管了,我还管什么?

让蜗牛往前爬,我在后面生闷气。

咦?我闻到花香,原来这边还有个花园,

我感到微风,原来夜里的微风这么温柔。

慢着!我听到鸟叫,我听到虫鸣。

我看到满天的星斗多亮丽!

咦?我以前怎么没有这般细腻的体会?

我忽然想起来了,莫非我错了?

是上帝叫一只蜗牛牵我去散步。

教育孩子就像牵着一只蜗牛在散步。面对个性不一、家庭文化背景各异的孩子,教师有时候会不由自主地生气而失去耐心;有时候也难免因为所谓的"好心"而急躁。教师一定要耐心,要因人而异,放慢自己的脚步,耐心等待,有效支持孩子的自主成长,倾听孩子内心的声音。

7.同理心

同理心就是将心比心,也就是设身处地去感受、体谅他人,同样的时间、地点、事件,把当事人换成自己。有同理心的人能够站在当事人的角度和位置上,客观地理解当事人内心的感受,且能把这种理解传达给当事人。同理心包括两个方面的要点：一是辨识，即站在对方的立场去了解其感觉；二是沟通，即把所了解的表达出来，让对方知道你已经了解他的感觉、行为。同理心不是天生的，是需要培养的。

（1）培养同理心的六个原则。

①我怎样对待别人，别人就怎样对待我。

②想让他人理解我，首先就要理解他人，将心比心。

③别人眼中的自己才是真正的自己，学会以别人的角度看问题并据此改进自己在他人眼中的形象。

④要想成功地与人相处，让别人尊重自己，唯有先改变自己。

⑤真诚坦白的人，才是值得信任的人。

⑥真情流露的人，才能得到真情回报。

（2）培养同理心的三个策略。

①要做一个好的倾听者。

②要换位思考，感同身受。

③要站在对方的角度表达你的感受与建议。

8.平常心

平常心可以说是一种境界，往往说起来容易做起来难。每个人都想拥有一颗平常心，但在现实生活中面对各种诱惑往往很难做到平常心。

修炼平常心的四个策略如下：

①克服嫉妒心。嫉妒心是人的本能反应，而我们要培养自己正确的心理状态。看到别人成功要真诚地祝贺，同时剖析自己的不足，积极采取有效措施，虚心学习，取人之长。

②积极进取但不争长论短、强决高低。

③有理想、有奋斗目标、有追求，但不苛求结果。

④入乡随俗，随遇而安。

四、幼儿教师修炼亲和力的"八珍汤"

1. 首因效应

首因效应是指在人际交往中留给他人的第一印象。第一印象不管正确与否，总是鲜明的、牢固的，左右着对对方的评价。人们通常会根据第一印象对他人进行归类，然后再加以推论并做出判断。就是通常所说的"先入为主"，如果一开始给人留下好印象，可能一直就是好的；如果一开始给人留下坏印象，则可能一直就是坏的。懂得了这个心理学原理，就要重视首因效应的积极作用，并有效防止其消极作用，也就是要重视第一印象。

比如，幼儿园教师面对每一届新生的家长，大家彼此是陌生的，都在观察对方是一个什么样的人。如果首因效应是积极的，就会给今后班级的家长工作带来积极的影响；如果首因效应是消极的，就会给后续的工作带来阻力甚至障碍。因此，在接任新班级的时候，对第一次家访、第一次家长会、第一次家长开放活动……都要高度重视，用教师的专业和智慧争取积极的首因效应。

2. 平易近人

平易近人是指没有架子，使人容易接近。"一个人30岁以前的容颜是父母给的，而30岁以后的相貌就是自己修的。"相由心生，平易近人是一种后天修炼的为人处世的态度与气质。它包含：

（1）外表与姿态。一是得体的穿着：着装是一个人身份、气质、内在素质的外在表现。关于着装，本书第四章"艺术穿衣，享受美的自信"有专门阐述，在此不赘述。二是美好的姿态：温馨的笑容、娴雅的举止给人以风度翩翩之感。

（2）语言与内涵。通俗易懂的言谈、处事谦和，透露出内在的平易近人之气质。

奥尼尔是著名的 NBA 中锋，以姚明当时的水平与资历，经过几年可以与奥尼尔有得一拼。有一次记者问姚明：你与奥尼尔谁厉害？姚明很巧妙地说："我与奥尼尔相遇时，就好比奥尼尔刚从山上下来，而我刚刚上山，在半道上遇见了他。"

姚明巧妙的回答既体现了虚心的态度，不失对对方的赞美，又阐明了自己积极向上的态度。语言浅显，却意味深长。

3. 把握分寸

（1）说话有分寸。说话要把握分寸、注意场合、话题适宜。一是要掌握"说"的时机，避免口无遮拦、信口开河。口无遮拦不是直率，信口开河也不是坦诚。二是随机应变，具有一定的感受力和变通能力，不利于和谐的话不说。三是不八卦，不在背后说人是非，不拿别人的隐私说事。

（2）态度有分寸。要明白在良好的人际关系中"平等原则"很重要，在人际交往中要有礼有节。

一是要有原则有底线，当对方不怀好意或者以挑衅的言语触碰我们的底线时，不必恼火而失态，也不要过于迁就而滋长对方的气焰，要以智慧与幽默给予恰当的回应，将"球"抛回去。在周恩来总理的外交生涯中有很多这样的案例。

巧妙应答，不卑不亢

有一次，美国代表团访华，有一位官员当着周总理的面说："中国人很喜欢低着头走路，而我们美国人却总是抬着头走路。"此话一出，语惊四座。周总理不慌不忙，面带微笑说："这并不奇怪，因为中国人在走上坡路，而你们美国人却在走下坡路。"

美国官员的话里显然包含着对中国人极大的侮辱。在场的中方工作人员都十分气愤，但囿于外交场合，难以斥责对方无理。如果忍气吞声，听任对方羞辱，那么国威何在？周总理以其智慧与幽默的回答，把"球"抛了回去，让这名官员领教了什么叫作柔中带刚，最终尴尬、窘迫的是自己。

二是不要轻易去触碰对方的底线与原则，让对方感到安全、放松、有尊严。

"兄弟啊！对不起！我没有带吃的！"

有一次，俄国作家屠格涅夫在街上散步，一乞丐跪倒在地上说："先生，给我一点食物吧。"屠格涅夫寻遍全身无一点可充饥之物，只好说："兄弟啊！对不起！我没有带吃的！"这时，乞丐站起身，脸上挂着泪花，紧握作家的手说："谢谢你！我本已走投无路，打算讨点吃的后就离开这个世界。您的一声'兄弟'让我感到这个世间还有真情在，它给了我活下去的勇气。"

因工作需要，教师在人际交往中需要跟各种各样的人打交道，仅家长群体就存在着社会角色、地位、影响力等不对等、不平衡的情况。"平等原则"告诉我们：交往双方的社会角色、地位、影响力、对信息的掌握等往往是不对等的，会影响双方形成实质性的情感联系；但是，如果平等待人，让对方感到安全、放松，则能够和那些与自己在社会地位等方面相差较大的人建立良好的人际关系。

（3）行为有分寸。入乡随俗，退一步海阔天空，有理也并非一定要理直气壮，不要太较真。在与人相处中，肯定会发生这样那样的摩擦，在发生摩擦时要懂得让步。《六尺巷的故事》流传至今，启发我们在与人发生矛盾冲突时要有退一步海阔天空的胸怀。

六尺巷的故事

康熙年间的大学士张英世代居住在桐城，他家府第与吴宅为邻。有一年，吴家建房子时占据了张家的空地，张家不服，双方互不相让，告到了县衙门。

因为张吴两家都是显贵望族，县官左右为难，迟迟不能判决。张英家人见有理难争，就写信向张英告知此事，想让他给撑腰。张英并不赞成家人为争夺地界而惊动官府的行为，便提笔在家书上批诗四句："一纸书来只为墙，让他三尺又何妨。长城万里今犹在，不见当年秦始皇。"寥寥数语，寓意深长。张家接到书信后，深感愧疚，便毫不迟疑地让出了三尺地基。吴家见状，觉得张家有权有势，却不仗势欺人，被他们的大度感动，也效仿张家向后让出了三尺地基，由此形成一条六尺宽的巷道，乡人称之为"六尺巷"。

故事感悟：在与人相处中难免会产生摩擦或者不愉快，只要本着和平友好相处的原则，则退一步海阔天空。

4.善于倾听

倾听是交往中最基本的沟通技巧，人们往往更倾向于将自己的意思传达给他人，而较少愿意接受他人的看法和意见。

（1）倾听比倾吐更重要。在社交中，最有魅力的人一定是好的倾听者，而并非滔滔不绝的人。表达的欲望是一个人基本的心理需求，耐心倾听恰恰能够给予对方满足感，激发对方表达的欲望。

（2）会倾听的人容易获得好人缘。倾听是对别人的最好的尊重，也是给予对方的最好的赞美。人们往往更加关注自己感兴趣的问题与话题，如果有人愿意听你说，你就会有一种被重视、被认可的感觉。

（3）学会倾听。倾听不光是用耳朵听，还要用眼睛观察，更要用心领悟。一是要注意身体上的回应，比如，身体微微前倾以表示对谈话内容感兴趣；倾听时要"答即所问"，让人感觉是在与你交流，切忌"答非所问"；微微的头部动作和丰富的面部表情以表示在回应说话者等；二是要观察对方的语气神色，给自己思考的机会；三是要耐心倾听，关注细节，听懂对方话里话外的意思，并适时给予恰当的回应。

5. 激励赞美

良好的人际关系原则中有一条被称为"自我价值保护原则"。

自我价值是个体对自身价值的认识与评价。自我价值保护是一种自我支持的心理倾向，其目的是防止自我价值被贬低和否定。自我价值是通过他人的评价而确立的，个体对他人的评价极其敏感。个体对肯定自我价值的他人，含认同与接纳，并反过来给予其肯定与支持；而疏离否定自我价值的他人，与其交往时，可能激活个体的自我价值保护动机。[①]

一位心理学家曾说："人类所有情绪中，最强烈的莫过于渴望被人重视。"人都是渴望被赞美的，因为可以感受到自己被重视与自我价值被认可。赞美就像盛开在人们心中的一朵绚丽的花，在给人带来美的感受的同时，激励人不断前行。所以，一个会赞美别人的人一定是备受欢迎的人。

6. 成人之美

成人之美是一种大度、一种胸襟，也是一种气质。具备这种气质的人是具有亲和力的人，也是受人尊敬的人。主动支援需要帮助的人，是成人之美；尽职尽责教育学生，帮助他们掌握知识，是一种成人之美；帮助同事修改论文，是一种成人之美；让朋友表现得比你更优秀是一种成人之美……

我们可以从以下几个方面来培养自己成人之美的气质：

（1）让朋友表现得比你更优越。

（2）避免狭隘嫉妒。

（3）记住别人的名字。

（4）满足别人的需求。

（5）给人面子。

[①] 中国就业培训技术指导中心，中国心理卫生协会.国家职业资格培训教程——心理咨询师（基础知识）[M].北京：民族出版社，2011.

7. "礼"字当先

良好的个人礼仪是增强个人亲和力的重要方面。所谓"礼仪",是对礼节、仪式的统称,它是指在人际交往中以约定成俗的程序、方式来表现的律己、敬人的行为。礼貌是礼仪的基础,礼节是礼仪的基本组成部分。

(1)以和为贵的理念相互尊重。孔子说:"礼之用,和为贵。先王之道,斯为美,小大由之。"(《论语·学而》)礼的运用以促进和睦为贵,在古代治国之道中,"和"是最重要的,这是从政治角度谈"和"的重要作用。孟子也说:"天时不如地利,地利不如人和。"(《孟子·公孙丑下》)认为"人和"是在军事、政治斗争中取胜的主要因素。"家和万事兴",说的是在家庭关系中坚持"和为贵"的原则,才能使家庭兴旺发达。一个机关、一个团体、一个单位也要以"礼当先""和为贵"的原则处理同事关系、部门关系、上下级关系以及领导者与被领导者之间的关系,使大家感情相通,目标一致,同心同德。在这种团结融洽的人际关系中,才能发挥每个人的积极性、创造性,才能把每个人的积极性、创造性联合起来,形成克服困难的强大合力。

(2)"懂礼仪"开启人际沟通涵养之门。在人际交往中,人们往往首先从一个人的礼仪来判断这个人的内在修养与素质;同时礼仪也是打开沟通之门的一种艺术、一种交际方式。礼仪是塑造良好形象的重要手段:交谈中讲礼仪,可以使交谈文明;举止讲礼仪,可以使行为高雅;穿着讲礼仪,可以使人大方得体。懂礼仪、讲礼仪可以使事情做到恰到好处。一是要善于使用礼貌用语,比如,敬语、尊称、感谢语、问候语、抱歉语、打扰用语等;二是要懂得不同场合人际交往的礼节。

8. 雪中送炭

在现实生活中有两类人,一类人总是在你繁花似锦的时候蜂拥而至,分享荣耀;还有一类人却是在你落魄失意、有困难的时候助你一臂之力。友谊的可贵之处不在于锦上添花,而在于雪中送炭。身处困境的时候是最需要关心与帮助的,雪中送炭最易引起对方的感激之情,进而形成亲密的友谊。

第二节　用心沟通赢得家长的信赖与认可

在幼儿教师的众多人际关系中，与家长的关系是非常重要的，能否与家长建立起良好的人际互动关系，直接影响教师的情绪状态。

一、以高质量的教育让家长信服

高质量的教育是赢得家长信任的基本条件。要办高质量的教育，就要不断学习，提高专业素养与水平，让家长感受到我们的专业水平。

1. 提高自己的专业水平

对儿童发展过程中的心理特点要能够觉知、领会，并能促进儿童心理的正向发展。掌握教育内容、教学方法和儿童发展知识是做好幼儿教师的基本要求。

2. 理解家长，解读家长的需求与愿望

家长都希望听到对自己孩子的肯定。家长来接孩子的时候通常会问："我们宝宝今天表现怎么样？"有的老师会说"今天表现挺好的"，有的老师说一大堆孩子做得不够好的地方。其实，这都不是家长真正想要的结果。家长想要听到的是孩子表现好的地方。

3. 肯定孩子，帮助其建立自信

当家长发现老师对自己孩子的教育不自信、不满意的时候，是非常不开心的。教师可以对孩子的不足提出建议，但前提是了解孩子，能够解读孩子。家长都希望能够从老师那里获得具体的建议，但又不希望是老师强加给自己的。

二、掌握与家长沟通的艺术与技巧

教师要善于把建议转化为家长的自觉行为，这是一门沟通的艺术。

1. 解读不同家长的心理需求

怎样解读家长的心理需求呢？第一，平时要与家长建立良好的互动关系，在互动中捕捉信息；第二，要善于倾听，倾听家长对幼儿园的建议，而且要启发家长提建议——促使家长从被动变为主动，把家长从圈外拉到圈内，成为教育的合作者、支持者，同时在此过程中帮助家长建立自信。要注意倾听的姿态，做家长的忠实的倾听者。

2. 搭建活动平台，使家长在互动中觉知与感悟

我们幼儿园的一位老师给我讲了这样一个案例，她说："没想到家长在玩游戏时也跟孩子一样兴奋，游戏中的感悟是用任何语言都无法形容的。"

玩多米诺骨牌

案例缘起：很多家长和我沟通说，宝宝回家，问他幼儿园里学了什么本领，都说"没有学什么，就是玩儿"。

于是教师在班级家长会上组织了一场游戏体验：玩多米诺骨牌。

（1）游戏规则：5人一组，在规定时间内共同完成一组骨牌的排列。

（2）分享游戏体会。

师：你在游戏中看到了什么？领导、技术员、小混混、游离者、捣蛋鬼？

领导：统筹安排，维持秩序，制定规则并参与排列。

技术员：领悟领导的意图，参与制定游戏规则并遵守游戏规则，积极投入排列工作。

小混混：没有领悟，没有想法，看到别人怎么做就跟着做。想遵守规则，却经常出错，但不是有意的，而是比较迷糊。

游离者：整个游戏和他没有关系，偶尔抽出一点时间瞧瞧，没有想法也没有行动，但也不破坏游戏，整个人游离在游戏之外。

捣蛋鬼：有两种，一种是纯粹的捣蛋鬼，对这个游戏不感兴趣，自己不

想玩，也让别人不要玩或是在捣乱中自己找乐；另一种是想要达到某个目的，由于种种原因没有达成，以捣乱来泄愤。

在这些角色中，很显然有些角色不太能适应社会和集体。幼儿园是走向社会的第一步，最重要的就是学会做人。

（杭州市淳安县机关幼儿园　余红英）

让家长在直接参与活动的过程中感悟教师想要传递的理念，是一种非常有效的策略。

3.用心浇灌，赢得家长的喜爱与信赖

（1）微笑得体，赢得家长的喜爱。

爱笑的老师最易受欢迎

爱笑的老师容易受欢迎，多年的职业生涯中我练就了一个本领，那就是无论自己有多大的委屈、多么伤心，面对家长的那一刹那会全部藏起，绽放最生动的笑脸，给家长以安全感，让他们觉得放心、安心。

（杭州市淳安县机关幼儿园　许娟）

一位家长的自述

现在幼儿园老师，不知是专业有问题，还是责任心不够，每次我去了解孩子的情况，老师都是说："哦，某某小朋友啊，挺好的、不错的。"从来没有听到说怎么好，哪方面不错。

（来自一位家长的抱怨）

在人际沟通中，除了言语沟通以外，还有一种沟通是非常重要的，即非言语沟通，特别是体态语言和语调。幼儿教师与家长交流时的体态动作、语音语调都会影响家长对信息的接收和选择；同样，家长在接收信息过程中的一些体态语言、语音语调也会影响教师对家长的判断。可以想象，如果家长在接孩子时很希望与班上的教师交流自己孩子的情况，而教师很忙，又不好意思回绝，就边做手中工作，边心不在焉地应付："噢，××小朋友不错，表现还可以……"很显然，这样的谈话会大大挫伤家长的积极性，如此"打击"下的家长是很难积极主动与教师沟通的。

（2）同理心，让家长感受老师的宽容。

理解是建立和谐关系的基础

理解是建立和谐关系的基础，而沟通又能促进家长对老师的理解。我工作的前提是：理解家长的不理解，理解家长的不认同……无论家长怎么无理取闹，我都抱着包容的态度。后来我在书上看到这样一句话：素质不好的人本身就很不幸，如果我们再不帮助他，那他就永远没有改正的机会，会更不幸。有时候我就这样调侃自己：谁叫咱素质比较高呢！

我们班以前有个小朋友超超，做游戏的时候不小心和人碰了一下，流了点鼻血，放学的时候我们把这个情况跟家长说了。她奶奶不依不饶地说："再吃多少天饭都补不回来，那个孩子是谁，我要找他赔偿……"说实在的我心里非常烦，但我还是耐心地听她发完牢骚，然后微笑着对她说："不好意思，您的心情我理解，但幼儿园里发生的事是我们老师的责任，您心里不舒服就骂我，要是您觉得不解气打我也行，千万别怪别的孩子……现在还挺早的，要不我带超超去医院看看？"这下她奶奶有些尴尬，说了句："不用了，你们老师也不容易。"一场危机就这样化解了。

（杭州市淳安县机关幼儿园　许娟）

在家园沟通中，换位思考，设身处地地理解家长的渴望与需求；耐心真诚地交流沟通，家长在感受到教师的真诚与宽容的同时，也会理解与信任老师。

（3）博爱公正，赢得家长的认同。

明天开始我每天都要哭了

作为教师，必须关爱班上的每一个孩子。记得有个孩子叫点点，刚上幼儿园时很乖巧，但过了几天，她妈妈说："我们点点说，从明天开始她要每天哭了，因为老师总是抱哭的小朋友。"点点的这句话让我反省：我对孩子的爱真的做到公平公正了吗？孩子的眼睛是雪亮的，他们的眼里容不得半点不公平。教师要在乎班里每一个孩子的感受。懂得了在乎，才能实现公平。后来不管多累，每天我都会和孩子们玩抱抱的游戏，给每个孩子一个拥抱、一个亲吻，让每个孩子都感受到老师的关爱和喜欢。孩子们回家总会对父母说："我们老师最喜欢我了，老师今天亲了我……"

（杭州市淳安县机关幼儿园　许娟）

余老师喜欢我，章老师不喜欢我

琪琪是个不太爱讲话的小女孩。有一天，琪琪妈妈告诉我，琪琪回家总是跟她说："余老师喜欢我，章老师不喜欢我。"章老师是我们班的生活老师，我知道其实章老师也是很爱孩子的，那么，是什么让她感觉章老师不喜欢她呢？我认真地进行观察和分析。有一天，章老师正在搞卫生，班上的双胞胎兄弟一进教室就扑向章老师，章老师也自然地搂着双胞胎兄弟，这时我发现琪琪投去了非常羡慕的眼神，她扑到我的怀里说："余老师喜欢我，章老师喜欢双胞胎。"我终于找到了答案：原来章老师跟双胞胎兄弟是邻居，平常就比较熟悉，双胞胎兄弟在幼儿园看到章老师总是特别的亲热，没有拘束，章老师也喜欢搂抱他们。而我则在每次孩子们念儿歌的时候，让孩子们轮流到跟前搂着他们念。

小班的孩子都需要教师搂一搂、抱一抱，对于孩子来说这是爱的表现，教师要在乎班上每一个孩子爱的需要。

（4）智慧呵护，营造家园合作的氛围。有人说："爱孩子是母鸡都能做的事。"但作为教师，必须有智慧地爱孩子，并引导家长有智慧地爱孩子。有个家长对我说，他的孩子喜欢发脾气，一发脾气就躺在地上，怎么哄、怎么骂都无济于事。我告诉他："下次孩子再躺在地上，你就给他枕头，告诉他——你慢慢躺吧，等你不想发脾气了再自己起来，然后不要再理他。"家长傻了眼，说回家试试看。过了几天，他跟我说："老师，你的办法真是太灵了！我只用了一次，第二次一看我拿枕头，她立马就自己起来了，现在她再也不躺在地上发脾气了……"这里没有高深的学问，我只是抓住孩子的心理，顺应了孩子的"要挟"，让她"自作自受"。法国一位教育家说过：一个孩子哭闹着要一样东西时，我们还去满足他，那就是在鼓励他哭泣，鼓励他用无赖的方式使自己不合理的要求得到满足，时间长了，我们就培养出了一个无赖。成人应该勇敢地拒绝孩子不合理的要求。

还有一次，天天的妈妈问我："老师，我们家孩子一定让我给他做巧克力豆腐吃，说很好吃，这到底是什么食物啊？"我告诉他其实就是猪血豆腐。她郁闷地说："我们以前也经常做，但他从来不吃，你给起个巧克力豆腐的名字，怎么就变好吃了呢？"

（5）特殊策略，赢得家长对教师的肯定。有个同事说，幼儿教师要面对各种各样的家长，必须具备与各种各样家长沟通的能力。在工作中，无论怎么努力，总有特殊的家长对我们十二分不满意，觉得我们对他的孩子不够好，奎奎妈妈就是这样。为了家园合作，我们不仅要理解，更要有策略地见机行事和她进行有效沟通。比如，孩子运动后衣服里面都会湿，为了孩子不着凉，教师经常会在孩子的后背塞一块干毛巾，放学前收回来。有一天我故意忘了收回奎奎的那块干毛巾，第二天他妈妈把毛巾还回来时，由衷地感谢我们，说我们的工作做得细致，从那以后她的态度有了很大改变。

（6）真诚夸奖，赢得家长对教师的信任。现在有一句很流行的话：好孩子是夸出来的。当然光夸也不行,孩子做错事也要承担责任,也需要批评。这些年我坚持一个原则:如果今天批评过某个孩子,就一定要找两次机会表扬他,有的孩子实在没有什么可表扬的,也要夸夸"你今天的眼睛看起来特别亮,你翻书的动作真快……"不仅孩子需要夸,家长也需要夸。轩轩的奶奶是个非常挑剔的老人,婆媳关系很不好,对孩子包办代替,对我们的工作很不支持。我们没办法,就使劲找机会夸她,夸她的发型、夸她穿衣有品位、夸她照顾孩子细心,没过多久这位奶奶就对我们很亲热了,也肯积极配合我们。所以,好家长也是夸出来的。

在工作实践中,我深深地体会到:幼儿园与孩子家庭的有效沟通能让家庭和幼儿园达成共识、形成合力。所以,我在工作中一直坚持前面所介绍的这些教育方法和原则,与家长沟通,关心爱护每一个孩子,教会孩子自己吃饭、自己穿衣,自己的事情自己做,培养孩子良好的品德、生活习惯和学习习惯,并用自己的坚持感染每一位家长,让家长接纳我们、肯定我们。

(杭州市淳安县机关幼儿园　许娟)

4. 优化家长工作的策略,提高家长工作的效能

为提高家长工作的效能,可以从以下几方面开展工作:

(1) 理念宣传讲策略,观念统一事半功倍。办园理念赢得家长认同是家园健康合作的基础,幼儿园要充分宣传本园的课程设置、发展目标、教学特色等,提供机会让家长了解正确的教育观。如介绍幼儿园以游戏为主的活动形式,让望子成龙型家长了解顺应孩子年龄特点的教育模式;介绍各年龄段幼儿发展的特点与教育策略,使家长能正面引导孩子等。主要形式有:

①家长会。新生家长会:明确家园各自的任务、幼儿园的作息时间;班级家长会:建立教师与家长之间、家长与家长之间的沟通平台。家长会的形式可以灵活多样。

②家长学校。可针对父母或祖父母,根据孩子的不同年龄分批授课,以

增强指导效果。根据园务计划、教育目标、家庭教育中的问题，设计不同的专题，开办讲座，有针对性地进行指导。如大班家长学校安排幼小衔接、入学准备、学习习惯培养等方面的内容；小班家长学校则以稳定情绪，培养良好的卫生习惯、生活习惯，开发智力等内容为主。及时组织家长之间的经验交流（比如，家长沙龙），有效帮助家长树立科学的教育观。

③家长手册（家园联系册、幼儿发展评估本）。幼儿园通过宣传资料和家园联系册等让家长进一步了解办园理念、保育教育细则、幼儿的发展、接送时间、收费项目等内容。

（2）搭建参与活动平台，在互动体验中理解。实现家园互动合作共育是幼儿园家长工作的出发点和归宿，幼儿园要积极为家长参与活动搭建平台。主要形式有：

①家长委员会。这一组织在家长和幼儿园之间架起了沟通的桥梁，使家长通过家长委员会代表，全方位地参与幼儿园的教育、保育、招生等各项工作，共商幼儿园重大事情，及时且准确地反映家长们的建议，协助幼儿园组织各类大型活动。

②家长开放活动。应定期邀请家长来园观摩保教活动，了解孩子在园的学习生活，以便家长消除顾虑，体会孩子的进步，感受孩子的需求。

③家长助教。聘请热心并有一技之长的家长进园协助幼儿园开展各项工作，如牙医家长讲授口腔卫生知识、消防员家长组织安全演习、全职妈妈担任书吧管理员……

④亲子活动。幼儿园通过组织内容丰富的亲子运动会、家庭才艺表演、家庭郊游等活动增进孩子与家长之间、教师与家长之间、家长与家长之间的感情，同时也是有效提升隔代教育家庭中父母责任感的良策。

⑤共同作业。在主题活动中，通过与孩子一起完成资料收集，使家长资源得到充分的运用。如作业"生活中的各种防盗方法"，在家长的参与下，幼儿通过网络、摄影等多渠道的学习方法，在与同伴分享中提升学习的能力。

（3）多种方式平等交流，建立情感。教师与家长交流一定要讲究说话方式和交往技巧，要平等、耐心、真诚地对待家长，切忌以居高临下的口吻与家长交流，"自我中心型"家长只有在这种氛围中才愿意与教师配合。主要形式有：

①约谈。可以用来解决比较复杂的问题，一旦确定沟通主题，需精心准备，选择合适的沟通时间、沟通方式并进行相关资料的查询。

②家访。教师利用节假日走访幼儿家庭，能让家长充分感受到教师工作的责任心和对孩子的关心。

③电话联系。适用于需要马上解决的简单事项。

④文字传递。可以通过网络、书信、字条、短信等传送，尤其适宜表达感谢、祝福、希望等。

（4）广采众意，强化监督。幼儿园要通过多种途径，从不同侧面了解家长、社会对本园的评价，保持各种反馈渠道的通畅，以便广泛听取意见和建议，及时调整工作策略。可以通过园长信箱、园长接待日、家长问卷等形式了解家长的心声，调动家长的积极性，不断提升保教水平。

（5）充分运用现代信息技术进行家园沟通。主要形式有：

①建立网站。幼儿园可通过网络介绍自己的特色活动，发布信息，并建立班级交流平台，家长可以通过视频及时看到幼儿的活动情况，了解每天的教学内容，与教师或其他家长进行交流。

②开通校讯通。近年来各地通信公司纷纷创建了特色家园沟通渠道，教师可以通过群发短信的形式，及时与家长保持联络，特别适用于发布各类通知。

③录像播放。有些技术设备较好的幼儿园，可以实录幼儿活动的片段，在规定时间向家长开放，让家长有机会了解孩子在园的常态表现。

④微信和QQ等。现在的家长，尤其是年轻的家长都会使用微信和QQ等聊天工具，教师通过微信和QQ可以更及时、更便捷地与家长进行交流。

（6）沟通的艺术。在家长面前谈论儿童时要注意：态度——热情、谦和、诚恳；语言——具有艺术性；形象——得体；尊重感——充分信任，平等交流；评价孩子——客观如实，肯定优点，用心解读；谈话形式——谦和得体，以心换心；沟通语言——把握分寸，客观公正；谈论缺点——讲究方法，委婉得体；建议意见——真诚倾听，巧妙引导。

总之，在与家长沟通时，要"有理有节"，"角色定位要准确"。家长有维权意识，教师也要有维权意识。该承担的责任不推诿，不该承担的责任要学会"规避"。

第三节　做智慧教师，赢得幼儿的喜爱

智慧是由智力体系、知识体系、方法与技能体系、非智力体系、观念与思想体系、审美与评价体系等构成的复杂系统，包括遗传智慧与获得智慧、生理机能与心理机能、直观与思维、意向与认识、情感与理性、道德与美感、智力与非智力、显意识与潜意识、已具有的智慧与智慧潜能等众多要素。

做智慧教师，应从以下几个方面努力提升自身的修养和专业水平，规范自己的形象与行为，以赢得幼儿的喜爱。

一、形象打造

爱美之心人皆有之，幼儿喜欢美的老师。幼儿教师应注意自身的形象符合儿童的审美特点，幼儿觉得自己的老师是美的，老师自然就有了亲和力。幼儿教师应该是让幼儿敬慕的，是幼儿心中美的化身、善的代言、真的模范，每天接受孩子们的监督与检阅。幼儿教师的形象既要让幼儿接受，受到幼儿的喜爱；又要符合职业的特点与社会身份的要求。可以"阳光、健康、亲和"这三个关键词来打造自己的形象，总体给人以"端庄、整洁、大方"之感。

在外形上可以从以下三方面设计与修饰：

（1）发型设计。发型要符合幼儿园教师的职业要求与特点，长发飘飘的年轻老师，在带班的时候要将头发扎好，马尾辫或活泼的发髻都可以，要简单大方，忌烦琐蓬乱；可以用低调雅致的发饰妆点，但不要过于夸张而显得俗气。

（2）服装修饰。幼儿一般都喜欢明快的颜色，不喜欢颜色灰暗。幼儿教师的服饰在色彩上要亮丽一些，给淡雅或灰暗的衣服搭配上合适的丝巾会有意想不到的效果，但佩戴饰物要适当，一般不宜超过两件；在幼儿园不穿太露、太透、太紧身的服装，带班时不穿高跟鞋。

（3）妆面仪容。幼儿教师忌浓妆艳抹，但也不要搞得灰头土脸，适当的淡妆可以凸显教师的健康与活力；还要讲究个人卫生，不留长指甲，不涂指甲。

二、行为塑造

幼儿园教师要以《幼儿园教师专业标准（试行）》为基本要求，努力使自己的行为符合规范。

1. 师德为先

《幼儿园教师专业标准（试行）解读》指出："师德是幼儿园教师最基本、最重要的职业准则和规范。每一位教师都必须秉持'师德为先'的理念，按照《幼儿园教师专业标准（试行）》的要求，'热爱学前教育事业，具有职业理想，践行社会主义核心价值体系，履行教师职业道德规范，依法执教。关爱幼儿，尊重幼儿人格，富有爱心、责任心、耐心和细心；为人师表，教书育人，自尊自律，做幼儿健康成长的启蒙者和引路人'。"

2. 幼儿为本

树立以"幼儿为本"的理念，规范自己的行为。

（1）尊重幼儿作为"人"的尊严与权利。幼儿作为独立的"人"，有自己的基本权利。《儿童权利公约》强调，儿童应当与成人具有相同的价值和权利，童年并不只是为进入成年生活接受训练和做准备，而是作为人享受独特的童年生活。幼儿教师应当保障儿童的合法权益，热爱幼儿，尊重幼儿的人格，理解、尊重并保障幼儿参与与自身有关的一切活动，保障幼儿发表自己的意见的权利，让每一个幼儿愉快、有尊严地度过童年生活。

（2）尊重幼儿期的独特性和价值。幼儿是不同于成人的，幼儿的独特性表现在其生理、心理、行为方式、学习方式以及文化生活等方面。幼儿期是充满想象与创造的，也是有巨大的发展潜能的。要满足幼儿期的独特需要，首先必须保障幼儿以游戏为基本活动的权利。

（3）尊重幼儿的特点与规律。幼儿有其独特的学习方式，即在做中学、玩中学、生活中学。游戏是幼儿的基本活动，幼儿教师必须具备对游戏的支持与引导能力。我们幼儿园倡导"做孩子的知心玩伴"，就是基于幼儿的年龄特点与规律而提出的。

3.能力为重

幼儿教师的能力包括为人处世的综合能力和育人的专业能力。关于能力的提升在本书各章节中都有相关的阐述，在此不再赘述。

4.终身学习

要树立终身学习和持续发展的理念，不断学习，提高自己的学习力，拓宽职业视野，优化知识结构，不断提升教育教学的核心素养。养成乐于学习的品格，不断反思与自我调控，有效促进自身的专业发展。

5.正确认识、看待和评价幼儿

在《幼儿园教师专业标准（试行）》中，关于教师对儿童的态度和行为提出了以下几方面的要求：

（1）关爱幼儿，重视幼儿身心健康，将保障幼儿生命安全放在首位。

（2）尊重幼儿人格，维护幼儿合法权益，平等对待每一个幼儿，不讽刺、挖苦、歧视幼儿，不体罚和变相体罚幼儿。

（3）信任幼儿，尊重个体差异，主动了解和满足有益于幼儿身心发展的不同需求。

（4）重视生活对幼儿健康成长的重要价值，积极创造条件，让幼儿拥有快乐的幼儿园生活。

三、锻炼提升语言的魅力

语言既是交流的工具，又是具有无穷魅力的艺术。幼儿是在直接感知中学习的，幼儿教师的语言具有特殊的特点、意义和价值。有魅力的语言不但可以架起与幼儿有效沟通的桥梁，还能够在幼儿学习的过程中化深奥为浅显、化抽象为具体、化平淡为有趣，从而激发幼儿的学习兴趣，提升学习效果；教师有魅力的语言还能够提高幼儿的审美能力，陶冶幼儿的情操。一个具有语言魅力的教师会赢得幼儿的喜爱和崇拜。

1.语言态度

（1）尊重幼儿，不伤害幼儿的自尊。幼儿跟成人一样也有自尊心，教师在跟幼儿进行语言交流的时候要尊重幼儿，不伤害幼儿的自尊心。

（2）平等交谈，不高高在上。把幼儿视为平等的合作伙伴，以商量的口吻、平等的方式讨论、指导幼儿的活动。

（3）因人而异，考虑不同幼儿的承受能力。教师在运用语言交流时要注意不同幼儿的接受能力，要耐心对待反应慢的幼儿；要亲切对待敏感、内向、心理承受能力差的幼儿。

（4）善用鼓励性语言启发幼儿建立自信。每个人都希望得到别人的认可，幼儿也不例外，鼓励和支持性的语言可以启发幼儿建立自信。

2.语言要规范化，给幼儿以示范

教师的语言首先要规范，具有示范性。教师的一言一行都是幼儿模仿的对象，因此，教师要使用规范化的语言，在语音、语调、词汇、语法等方面都要准确，要做到：发音准确、吐字清楚、词汇用得准、语法正确。

3. 语言要艺术化，增强语言的魅力

对于幼儿来说，语言的艺术化主要包含：趣味化、儿童化、简洁化、拟人化、韵律化等。

（1）语言趣味化。要求幼儿教师语言要生动、形象，具有趣味性。比如，为了让孩子安静用餐，细嚼慢咽，教师可这样说："现在小朋友们吃饭的嘴巴开始工作了，吃饭的嘴巴可要努力工作哦，要细嚼慢咽哦！""我们说话的嘴巴现在开始休息了，养足了精神等会儿好有力气工作哦！"

（2）语言儿童化。语气、语调、语速要符合儿童的接受水平与特点，但语言表达中用词及语句的逻辑结构还是应该规范，不应故意重复儿童学习说话过程中不规范的语言。

（3）语言简洁化。要求教师在使用语言与幼儿交流时，要尽量避繁就简，使用句式结构较为简短易懂的语言。

（4）语言拟人化。儿童的思维具有反灵性的特点，即幼儿会将一切物体都赋予生命的色彩。我们可以利用幼儿思维的这一特点，用拟人化的语言增加互动中的情感性。比如，我女儿小时候上幼儿园，走到半路就不愿意走了，我经常利用周边环境中的花草树木鼓励她，"看，前面的小草在向你点头呢，它在说：宝宝真能干，自己走路上幼儿园！""那朵小花张开嘴笑得真甜，它看到宝宝这么能干，自己能走很长的路，高兴得嘴都合不拢了！"孩子在这样的交流中不知不觉自己走到了幼儿园。很多儿童文学作品都利用儿童思维的这个特点，采用拟人化的表现手法，受到幼儿的喜爱。

（5）语言韵律化。幼儿能够接受与理解韵律化的语言，我在一个小班看到老师组织孩子们练习爬，在向前爬的时候，老师和孩子们一起有节奏地念："前进，加油！前进，加油！"在后退的时候一起有节奏地念："倒车，请注意！倒车，请注意！"类似案例在幼儿园比比皆是。

4. 巧用体态语言

心理学家研究表明：人际交往的结果，20%取决于有声语言，80%则取

决于人的感情、态度等无声语言。幼儿思维特点具有具体形象性，幼儿可以从教师的体态语中直接感知教师传递的意思，幼儿教师的体态语言对于幼儿有着强烈的感染作用，既能使教育教学收到事半功倍的效果，又能很好地拉近与幼儿的心灵距离，是情感交流的一种有效的方式。

幼儿教师常用的体态语言包括：面部表情、眼神、手势、动作、体态等。体态语言在建立良好的师幼互动中具有积极的作用：

第一，可以增加幼儿对于有用信息的接收量；

第二，有利于与幼儿的良性互动，可发展幼儿的亲社会行为。比如，一个微笑传递的是友好与认可；一个抚摸的动作可以让幼儿感受到老师的爱护；一个肯定的眼神可以启迪幼儿的自信，等等。

第三，可以帮助幼儿理解语义。比如，幼儿教师经常通过动作来帮助幼儿掌握新学词汇和语句的意思。

四、博学多才，赢得幼儿的崇拜

在我担任班主任的十多年中，孩子们都特别喜欢我。记得我的一位学姐跟我说过这样一件事：刚工作的时候，园长安排了一位年长的老师跟她当班，可是每次只要她一出差，孩子们不是闹哄哄，就是没精打采，天天问李老师什么时候回来。她一回到班里，孩子们会像过节一样开心。她说，分析起来并非那位年长的老师不够爱孩子，也不是不够关心孩子，关键在于孩子们更加崇拜她。好奇、好问是孩子的特点，每个孩子的心里都藏着"十万个为什么"，教师一定要不断学习，当孩子们认为老师什么都懂的时候，就会崇拜你；孩子好动，如果教师能够在运动中表现出娴熟的动作技能，孩子们就会崇拜你；当你的歌声让孩子们喜欢的时候，孩子们就会崇拜你……孩子们的崇拜慢慢就会转变成对老师的喜欢与爱。

第四节　做受同事欢迎的教师

对待同事，总体要把握的原则是：宽容、豁达，充分看到他人的优点与长处；友爱相处，合作共赢；相互信任不猜疑，相互关心不八卦；五湖四海皆朋友，不拉帮结派；团结友善，不搬弄是非；不利于团结的话不讲，有损和谐的事不做。

具体可以从以下几个方面提升自己为人处世的修养，规范自己的言行作风。

一、真诚待人，敢于担当

1. 真诚待人，不无端怀疑

有人说：真诚的眼睛是清澈的，真诚的声音是甜美的，真诚的态度是和缓的，真诚的行为是从容的，真诚的举止是优雅的，真诚的心灵是善良的，真诚能行之长久，真诚是立身之本。在人际交往中必不可少的是真诚，你真诚待人，别人也会真诚待你。

伟大的教育家陶行知有句名言："千教万教教人求真，千学万学学做真人。"

陶行知教子真诚的故事

陶行知的儿子陶晓光22岁时要到成都一家工厂工作，需要一份资格证明书。晓光写信给马副校长要了一张晓庄学校的毕业证书。在重庆工作的陶行知知道此事后非常生气，打电话要晓光将证明书立即寄回。他说："我们必须坚持'宁为真白丁，不做假秀才'之主张。'追求真理做真人'，决不向虚伪的社会学习和妥协。"

2.敢于担当不推诿

要尽职尽责,不马虎了事,不推诿耍滑,不回避矛盾。敢于担当,体现在面对困难迎难而上;面对矛盾拿出非凡的智慧化解;面对重担敢于挑。责任面前敢担当,困难面前莫推诿。做一个正直又有责任心的人、有勇气破解难题的人,这样的你一定是深受同事欢迎的人。

3.相互信任,不随意猜疑

猜疑是对他人的言行过分敏感、多疑,其实质源于不够自信。猜疑是人性的弱点之一。《三国演义》中的曹操是一个疑心很重的人,有这样一段情节:

曹操刺杀董卓败露后,与陈宫一起逃至吕伯奢家。曹吕两家本就是世交。吕伯奢见曹操到来,想杀一头猪款待他,可是曹操听到磨刀之声,又听说要"缚而杀之",便起疑心,以为要杀自己,于是不问青红皂白,误杀了无辜。

曹操的猜疑心太重,与刘备的真诚用人不猜疑形成了鲜明的对比,于是有了"身在曹营心在汉"的故事:

刘备被曹操打败,关羽为了保护刘备的夫人,被迫投降曹操。曹操对关羽关怀备至,送他宅院、美女、战袍、宝马,关羽还是无动于衷,一心打听刘备的下落。

一个人一旦掉进了猜疑的陷阱,必定处处神经过敏,事事捕风捉影,对他人失去信任,既损害了人际关系的和谐,又影响自己的身心健康。

4.相互关心不八卦

每个人都会遇到各种各样的事,有好事也有难事;有快乐的事也有伤心的事;知道自己的同事遇到难事时,要伸出援手,而不应为满足自己的好奇心到处八卦,甚至不怀好意地添油加醋。幸灾乐祸、看人"好戏"的心态要不得。

二、互惠互赖，合作共赢

1. 处理好两个关系

（1）合作与竞争的关系。人际互动的主要形式是合作与竞争。合作是个体与个体、群体与群体之间为达到共同的目的互相配合的一种行为。其基本条件有：目标的一致性；共识与规范，即合作双方对共同目标、实现目标的途径有一致的认识，并在合作过程中遵守双方共同认可的社会规范；相互信赖。

竞争是个体与个体、群体与群体之间争夺一个共同目标的行为。其基本特征有：目标较为稀有或者难得，并且只有双方对同一目标进行争夺才形成竞争；争夺中可能出现一方输一方赢，也可能出现双赢的结局；竞争是在理性的基础上，按照一定的社会规范进行的。

人际互动的哲学[①]

在合作和竞争关系中，不同的人在不同的时间和场合，面对不同的对象，可能会采取不同的人际互动模式。

①利人利己：助人也利己。助人一臂之力，自己也获得好处。

②损人利己：你死我活，打压他人，获得自己需要的成长资源。

③利人损己：燃烧自己，照亮别人。

④损人损己：鹬蚌相争，两败俱伤。

⑤利己不损人：无涉他人，独善其身。

⑥利人不损己：举手之劳，济人于急难。

除了极端的、对抗性的情境，比如，战争和部分竞技体育项目，在日常

[①] 中国就业培训技术指导中心，中国心理卫生协会.国家职业资格培训教程——心理咨询师（基础知识）[M].北京：民族出版社，2011.

的经济和社会生活中,大多数情况下,人际互动可以选择利人利己模式,并达到双赢和多赢的效果。我们要多做利人利己的事情,尽可能不做损人利己的事情,绝对不做损人也损己的事情。

显然,竞争各方双赢或者多赢,实现共赢的局面,是比较理想的人际互动形式;只要各方遵守竞争规则,充分考虑别人的利益,共赢是可以达成的。

(2)自由与规则的关系。遵纪守法是规则,单位的规章制度是规则,工作操作规范是规则,师德标准是规则,群体合作中约定成俗的规范也是规则。合作离不开规则。在遵守规范的前提下创造性地开展工作是自由,面对问题与困难主动想办法是自由。在群体合作关系中,自由建立在不破坏规则、遵守社会规范的基础之上,自由不应以给他人带来更大的不自由为代价。

2. 宽容豁达,海纳百川

宽容是一盏灯,可以照亮我们前行的道路;宽容是一泓清泉,可以清除人们内心的戒备与邪念;宽容是一座桥梁,可以连接人与人之间的心灵。海纳百川,有容乃大,另一方面也要善于博采众长,集思广益,虚怀若谷。

3. 团结友善,乐于付出

俗话说,一个篱笆三个桩,一个好汉三个帮。一个人要成就事业需要团结;一个单位要成就事业需要团结;一个家庭人财兴旺需要团结;一个集体要在竞争中获胜需要团结;一个国家的繁荣昌盛需要团结;一个民族要发达需要团结;团结就是力量。团结需要团队的每一个成员都以大局为重,克制"小我",保"大我"。作为幼儿园大家庭中的一员,教师要做维护团结的促进者。对人友善、乐于付出实际上就是在维护团结。要热爱本职工作,积极做好本职工作,团结同事,相互支持,相互配合,齐心协力携手共赢。

4. 主动积极,热情乐观

有人说:"性格决定命运,状态决定成败。"这是有一定道理的。一个人的性格是可以后天培养的。无论内倾型的人,还是外向型的人,都可以是心胸豁达的人，同样也可能是心胸狭窄而自卑的人。主动积极、热情乐观是一种积极开朗的性格表现，这样的人充满积极的正能量，这样的正能量是可以传递的。反之，一个充满消极负能量的人会给人带来不舒适感。心理实验也证明了一点：当人在言语和行为方面表现出热情时，别人就会在情绪指标方面给予更高的评价。

第五节　做让领导放心的教师

能够与不同的上级配合好，是一种卓越的能力；能够欣赏不同的上级，是一种非凡的修养。与领导建立良好的人际关系需把握的原则与策略有：尊重、服从、不盲从；认真做好领导布置的每一项工作；适时提出真诚有价值的建议。面对领导的不良动机或错误决策，不急躁、不顶撞，以人品的修养感染对方，选择最佳时机和领导坦诚交心；按组织的纪律及权限程序汇报工作，绝不因委屈而影响自己的情绪和工作，更不能由此而自暴自弃。

一、尊重、服从、不盲从

1. 干好本职工作不越位

"在其位谋其政，不在其位不谋其政"说的就是要摆正心态，定位要准，对自己职责范围内的事要全心全意、尽职尽责地做好，让领导放心。同时，对不是自己职责范围内的事，要努力做到出力但不越位。

（1）决策不越位。要清楚自己的职责范围，不该决策的只献策不决策，积极参与但不干预，遇到需要决策的事情要搞清楚职责范围与分管领导的权限，按组织规范逐级请示汇报，不越位决策。

（2）表态不越位。对未经领导授权的自己职责权限范围之外的工作，不越权随意表态，以免造成被动。

（3）工作不越位。工作要到位不越位，对于自己本职工作或分管工作中的棘手问题，要有主见，能够妥善处理；需要其他部门配合完成的事项，要获得主要领导的授权方可执行。

（4）答复不越位。有些问题的答复是需要一定的权威、权限的，一定要搞明白，不要擅自答复，否则就是越位。

（5）场合不越位。在有些场合，比如，应酬、宴会、大型活动等，要注意把主要的、显赫的位置留给领导，这体现了对领导的尊重。

2.给足面子不丢个性

（1）以服从为前提，在执行中提建议。上级做决策、制订计划、实施指挥，囿于各种限制，难免会出现失误。发现领导决策不妥之后，既不能为讨上级欢心，投其所好，也不能害怕领导不高兴，沉默不语；而应当讲求方法，既给足领导面子，又及时指出问题所在，使失误尽快得到纠正。敢于指出和弥补上级领导的失误，但不要用逆耳之言。比如，可提出建议、提供多种方案分析利弊，让领导感到你的良苦用心，这样既保全了领导的面子，又可获得领导的赏识与信任。

（2）表里如一，不阳奉阴违。无论面对领导还是同事，都要正直坦诚，不骄不躁，表里如一，不阳奉阴违。

（3）大局为重，补台不拆台。如果上级领导因决策失误导致失利，要不计个人得失，补台不拆台，积极主动地采取补救的措施，不能袖手旁观，更不能做事后诸葛亮，讽刺挖苦看笑话。

二、低调做人，高调做事

1.积极主动，执行力强

幼儿园的工作是综合性的，除了日常保教工作以外，还有很多其他工作要分担，比如，宣传、专项活动、接待参观，等等。面对各项工作，要勇于接受任务，在工作过程中全力以赴，展现自己的才能与智慧，为幼儿园获得社会赞誉与上级认可做出贡献。

（1）认真完成领导布置的任务。对于领导布置的任务，不要随意凑合，要全力以赴，追求完美，把事情做好。

（2）积极主动，勇挑重担。很多幼儿园在某些工作任务的落实上会采取自主申报的方式，把机会抛给主动请缨者。这是难得的机会，主动请缨会给领导留下态度积极、主动性强的好印象。

（3）理解领导的意图，全力以赴取得信赖。有时候领导交给你任务，是想考验你的态度、能力，要理解领导的意图，发挥出最大潜能，积极努力地完成工作任务。

2. 不与领导争功劳

（1）坚持原则，秉公办事，不徇私情。在牵涉他人利益的难事、棘手事上，在职权范围内要秉公办理，不徇私情。如果你处理好了，那就等于为领导排忧解难。

（2）用心做事，不居功自傲。不故意炫耀自己的成绩，有功不争功。工作有了成绩，也要淡泊名利，保持低调。不居功自傲，你的机会才会比其他人更多。

3. 勇于担责

古人云："人非圣贤，孰能无过，知错能改，善莫大焉。"这句话告诉我们，发现错误的时候，不能采取逃避责任的做法，应该勇于承担。勇于担责是一个人道德品行的体现。推卸责任可能会躲过一个小麻烦，但最终吃亏的还是你自己，因为你失去了别人对你的信任。

（1）勇于认"过"。一个班级通常有三位老师共同担任幼儿园一天的活动监管与保教工作，出点小事故是常有的事，有些老师会因为怕承担责任而寻找借口为自己开脱；有些老师则视三个人为一个整体，发生了问题，无论是否自己当班，都会一起担责，共同面对。如果你是后者，那么恭喜你，你是一个受同事欢迎、受领导信任的人。

（2）敢于改"过"。光会认"过"还不行，还要敢于改"过"。千万不要养成"虚心接受，就是不改"的坏习惯。对待自己的缺点和错误要分析原因，采取积极的整改措施并落实在行动中。

（3）主动揽"过"。有位友人跟我说过这样一个案例：

小A调到一个新单位，小B担心自己的位置会受到威胁，于是经常不痛不痒地给小A的工作制造一些阻力与麻烦，让小A难以正常开展工作或者工作开展得不顺利。单位领导心知肚明，虽然小B的行为不光彩，但又不是原则问题，无法正面批评教育，只能在适当的时候旁敲侧击。小B"死猪不怕开水烫"，装聋作哑不理会，给领导造成了非常大的困扰——既觉得对小B的行为无可奈何，又感到小A太受委屈于心不忍。倒是小A非常大度，对领导说："真不好意思，没想到我的到来会给领导增添了麻烦。"小A的大度揽"过"让领导感到特别欣慰与感动，连声说："不是你的错，跟你没有关系。"

揽"过"是一种气度与胸怀，也是一种勇气与自信。

三、有限忍耐，合理争取

有限忍耐是指从维护良好的上级关系的愿望出发，在一定限度内对自己的欲望、情感和利益等所做的自我约束。合理争取是指下级从维护个人权益出发，在制度范围内和条件许可的情况下，争取自己的合理权益。

1. 面对委屈讲气量

（1）委曲求全讲大局。要讲大局，为顾全大局，有时候只要没有触碰底线，是可以暂时做出忍让的。退一步海阔天空，在展现大度的同时会获得领导将心比心的理解或另一种方式的关心与支持。

（2）相信领导，顺其自然。要理解领导的难处与不得已，正直的领导是会"一碗水端平"的。只是在某个时间点、某些问题上，由于客观因素而办不到。不妨换位思考，理解对方，顺其自然或许在特定的时间节点上就是最好的策略。

2.面对领导的处事不公

(1)正向理解,耐心等待。首先要正向理解领导,用显微镜找出领导的优点;不要以偏概全,全盘否定;要客观对待,耐心等待领导醒悟。

(2)抛开得失之心,认真做事。无论遇到什么样的领导,不能因为对领导个人不认可而影响自己的工作状态或工作积极性,我们教书育人是要对学生负责的,要能够抛开得失之心,认真做事。孩子的成长、家长的认可、社会的好评是教书育人的价值体现。

3.面对与领导的观念冲突

(1)实施"迂回战术",以实效服人。不正面冲突,不硬性对抗。善于寻找与把握有利时机,让成效证明一切。

(2)适时沟通,以理服人。在有实效的基础上,把握沟通的时机,以理服人。

4.面对领导的误会戒备

(1)真诚以待,以诚换诚。人心都是肉长的,真诚之心一定会赢得理解。

(2)放低姿态,虚怀若谷。放低姿态也是一种人生智慧。领导的嫉妒心往往是由于你才华横溢而担心自己的地位受到威胁而引发的。你不妨内敛一些,即便你的能力比领导强,也不要傲慢骄横、得意忘形,谦虚和淡泊会让你走得更远。

5.面对领导的嫉妒压制

(1)坚守信念,求真务实。是金子总会发光,求真务实做事,踏踏实实做人,坚持理想信念不动摇,认真做好自己的本职工作,积蓄能量,厚积薄发。

(2)坚韧不拔,不忘初心。无论遇到怎样的阻力与艰难,都要不忘初心,以坚韧不拔的意志力与智慧,找准突破口,锲而不舍,做出业绩。

四、期望适当，合理节欲

面对利益，不提过分要求。要保持平常心，不要目光短浅，因小失大；既敢于提出对自己长远发展有特殊意义的要求，又不要让领导为难。机会总是惠顾那些有准备的人，只要持之以恒，坚守信念不动摇，认真做事不偷懒，就一定会有收获。

五、等距外交，不偏不倚

对于一个单位的多位上级领导，在情感上允许有喜欢与不喜欢之分；但在工作上切不可有远近亲疏之别。要做到在工作上一样支持；在组织上一样服从；按照组织程序汇报工作；在态度上一样对待。

第六节 营造和谐的家庭氛围

亲子之间、手足之间以及大家族成员之间亲密的支持性关系，可以增强每一个成员获得的社会支持力量。这种社会支持强化了主观幸福感。对家庭，我们要有这样的认识：家不是讲理的地方，家是讲和谐的地方，是幸福的港湾；爱家人就要包容家人的缺点与不足；用显微镜去发现家人的美，用放大镜去鼓励家人的自信；工作之余尽可能和家人分享成功的快乐；以平和的心态面对家庭的困难和曲折；使家庭成为一个融洽的、团结的、发奋的社会细胞。

第二章　构建积极和谐的人际关系

一、善于转换角色，承担不同角色的义务

1. 避免思维惯性造成角色混乱

女王与妻子

英国有个小故事《女王与妻子》。一次，女王维多利亚忙于接见王公，而把她的丈夫阿尔倍托冷落在一边。阿尔倍托很生气，就悄悄地回到卧室。不久有人敲门，阿尔倍托问："谁？"回答："我是女王。"门没有开。女王又敲门，房内又问："谁？"女王说："维多利亚！"可是门依然紧闭。于是女王再敲门，并温柔地回答："你的妻子。"丈夫边笑边打开了房门。

这个故事说出了一个道理：无论你在外面的社会角色是什么，在家庭里的角色都不会改变。家庭中没有地位高低贵贱之分，大家都是平等的。家庭中每个人都有自己该承担的责任与义务，为人子女就要孝敬长辈；为人父母就要担负起养育子女的责任；为人妻（夫）就要互敬互爱，经营好夫妻感情……家庭和谐、事业有成是幸福的基础。

2. 以良好心态找准定位

家不是讲理的地方，家是讲和谐的地方。与家人相处，不要太较真，无须事事分清对错，也没有必要争谁的贡献大。尤其是夫妻之间，更需要以平等的心态，相互尊重，相互体谅与爱护，尤其是当双方的社会角色发生变化、产生差距时，更要使对方的自尊心不受伤害。在夫妻关系上，双方都是有尊严的。

她为什么对老公那么好

她是一位事业有成的社会精英，活泼开朗，低调内敛；在职场游刃有余，深受业内外人士的高度赞誉与认可。可她丈夫事业平平，很不起眼。在外人

看来她丈夫与她的差距很大，但她却非常满足，嘴里说出的都是丈夫的好。在家里她总是让丈夫做主，甘愿退位，还经常说："我的成功有你的功劳。"朋友聚会，她总是依偎在丈夫身边，听男人们侃大山，不插嘴，不多说话。做一个生活中的"小女人"，她很享受这种感觉。她关心他，珍惜、爱护他，事事处处为他着想，维护他的自尊。

上述案例是发生在我身边熟人身上的真实故事。案例中的妻子是社会的精英，有着让人羡慕的事业与成就，而丈夫事业平平，与妻子产生了差距。但在夫妻关系的经营中，妻子的观念态度和处理方式较为正确，因此夫妻关系较为和睦，令人羡慕。

二、家是幸福的港湾，要用心经营

家是避风港，可以为我们遮风挡雨。用心经营自己的家，家就是我们幸福的港湾。促进家庭的和谐是每一个家庭成员共同的目标和义务，总体上可以从以下几方面促进家庭关系的和谐。

1.用显微镜发现家人的美

很多家庭矛盾都是由对小事的不理解引起的，而不理解往往是因为思维模式出了问题。很多人觉得家人为自己付出是应该的。在人与人的相处中，感恩心是促进关系和谐的心理因素，要善于发现家人为自己的付出、为家庭的付出。比如，回到家发现皮鞋变亮了，要感恩对方的付出；在家里吃到可口的饭菜要感恩；出差回家喝一杯温度适中的开水要感恩……家庭琐事虽然不起眼，但都凝聚着爱的心意，没有任何一方是应该为对方服务的。用显微镜发现家人的美，你会觉得生活是那么幸福。

2.用放大镜鼓励家人的自信

每一个人都希望成功，都希望自己有价值。但个人的发展、事业的成就除了个人的努力，还存在各种客观的因素，比如，机遇的限制、平台的缺失，等等。每个人都有人生的低谷，在家人遇到事业瓶颈或者失意的时候，一定要学会用放大镜寻找其优点与优势，鼓励其建立自信。而不是责怪埋怨，说风凉话，打击其积极性。

3. 以平和的心态面对家庭的困难和曲折

要以平和的心态面对家庭暂时的困难与曲折，齐心协力共渡难关。千万不要横向比较，相互埋怨。关怀伴侣，与对方分享爱好、希望、梦想，共同面对生活的纷扰、压力、挫折。

我有一位友人，刚来杭州的时候非常艰苦。因为杭州的房价特别高，他们家暂时买不起房，丈夫事业平平，也赚不到多少钱。他们租住的房间很小，夫妻俩就住在阁楼上不足8平方米的小房间里，床铺旁的一张小方桌就是她的书桌。她非常乐观，没有怨言，在职场上阳光有活力，很多精彩的文章、讲稿、课件都是在这样的环境中完成的。我与她交流，她经常戏称："这是我家的别墅，住别墅的不也是房子里有上下层嘛！"他们夫妻感情很好，虽然生活条件不好，但她通过自己的努力成为一名优秀的教师。

三、家庭成员之间的人际距离要适当

家庭成员之间的人际距离要适当，家庭成员之间距离过远，则可能产生交往、沟通困难，关系会变得疏远；家庭成员之间距离过近，则可能产生不必要的矛盾、纠纷。因此，家庭成员之间既要有适当频率的接触，又要保持一定的人际距离，使彼此之间的关系处于最佳状态，从而更好地发挥家庭的功能。

本章小结

从某种意义上说，幸福是一种生活方式，一种生活态度。只要对人真诚、友爱、关怀、体贴、理解、包容，我们就能收获良好的人际关系，并最终获得幸福感。

本章所阐述的观点及策略的理论依据是心理学家舒茨（W. C. Schutz, 1958）以人际需要为主线提出的人际关系的三维理论，他称自己的理论是基本人际关系取向（FIRO）理论，其主要观点是：

第一，人有三种基本的人际需要，即包容需要、支配需要和情感需要。包容需要指与他人接触、交往、相容的需要；支配需要指控制他人或被他人控制的需要；情感需要指爱他人或被他人所爱的需要。

第二，人际需要决定了个体与其社会情境的联系，如果不能满足，那么就可能导致出现心理障碍及其他严重问题。

第三，对于三种基本的人际需要，有主动表现和被动表现两种满足方式。这样就构成了以下六种基本的人际关系取向：

①主动包容式：指主动与他人交往，积极参与社会生活。

②被动包容式：指期待他人接纳自己，退缩、孤独。

③主动支配式：指喜欢控制别人，能运用权利。

④被动支配式：指期待他人引导，愿意追随他人。

⑤主动情感式：指表现对他人的喜爱、友善、同情、亲密。

⑥被动情感式：指对他人显得冷淡，负面情绪较重，但期待他人对自己亲密。

第四，童年的人际需要是否得到满足以及由此形成的行为方式，对个体成年后的人际关系有决定性的影响。

舒茨同时用三维理论来解释群体的形成与群体的解体，提出了群体整合原则。群体形成过程的开始是包容，而后是控制，最后是情感，这种循环不断发生。群体解体的过程正好相反，先是感情不和，继而失去控制，最后难以包容，导致群体解体。

理想的人际关系处理方式是能够根据情境选择合适的行为方式，本章只是在此理论的基础上结合个人的经验，针对幼儿教师在生活和工作中如何构建良好的人际关系，提出一些建议。因为社会生活是丰富多彩的，人的经历与所遇情境也是千差万别的，所以没有放之四海而皆准的标准，本章提出的建议仅供参考。

【本章参考文献】

[1] Carr A. 积极心理学：关于人类幸福和力量的科学［M］.郑雪，等译校.北京：中国轻工业出版社，2008.

[2] 段军华.修炼你的亲和力［M］.北京：蓝天出版社，2008.

[3] 郭念锋.心理咨询师（基础知识）［M］.北京：民族出版社，2005.

[4] 教育部教师工作司.幼儿园教师专业标准（试行）解读［M］.北京：北京师范大学出版社，2013.

[5] 迈尔斯.社会心理学［M］.张志勇，乐国安，侯玉波，等译.北京：人民邮电出版社，2010.

[6] 魏新.好人缘来自亲和力［M］.北京：北京工业大学出版社，2012.

第三章　在工作中锤炼追求和感受幸福的能力

 **本章导读**

"一个人在世界上生活，一定要有自己真正喜欢做的事，一定要有真兴趣和真本事，这是人生幸福的重要源泉。"[①] 教师的基本活动是"教育教学"，如果我们对"教育教学"充满了真兴趣、具备了真本事，那一定是幸福的。

要成为幸福的教师，首先就要培养起对教育工作的真兴趣，有了真兴趣才能钻研进取，乐在其中，并做到最好。因为是你的真兴趣，那么在做的过程中你的心情一定是快乐的；你一定是感觉充实而有意义的。反之，如果你对作为教师基本活动的教育工作毫无兴趣，仅仅把工作当作谋生手段不得已而为之，那么，你的主观体验一定是不幸福的，甚至是痛苦的，容易产生"职业倦怠"。

大量的心理学研究表明，"从业状态、工作满意度、技能运用和目标定向活动都与主观幸福感相关联。"[②]"工作满意度与幸福有中等程度相关。"[③]"在令人满意的工作中，他们相当自主，自由地决定自己怎样完成自己所负责的职能，而不是在主管的严格、琐碎和频繁的强制监控下工作……我们应该致力

[①] 周国平.愿生命从容［M］.北京：北京十月文艺出版社，2015：57.
[②][③] Carr A.积极心理学：关于人类幸福和力量的科学［M］.郑雪，等译校.北京：中国轻工业出版社，2008：28.

于把我们的工作状态调整到让我们的技能、力量和爱好与我们所承担的职能相匹配……"[1] 自我效能感、良好的工作状态能够增进人的幸福感，而幸福感又反过来进一步促进工作效能的提高。从这个意义上说，人生幸福的前提是能够充分体验到职业幸福感。

本章基于心理学依据和幼儿教师的职业特点，阐述幼儿教师怎样在工作中培养自己对教育工作的真兴趣，并在工作中锤炼自己的真能力，在奉献与给予中实现人生价值，感受幸福。本章的逻辑建构思路是：第一节主要阐述在教育追求中培养对教育的真兴趣、锤炼教育的真能力，播撒幸福的种子；第二节主要阐述以审美的态度享受工作过程，在内在价值的实现中感悟幸福；第三节主要阐述了教育研究是教师获得幸福的重要源泉、教师教育研究的特点与方法，重点对"教学研同期互动"原理及其与教师自主发展的关系、在自主发展中体验幸福进行诠释；第四节阐述了追求德艺双馨的最高境界，充分体验与享受职业幸福感。

对幸福的教师来说，教育不是牺牲，而是享受；不是重复，而是创造；不是谋生的手段，而是生活本身。

第一节 在教育追求中播撒幸福的种子

"种瓜得瓜，种豆得豆。"播什么种，结什么果。要想收获幸福的果实，首先要播撒幸福的种子。幼儿教师的幸福种子是什么？怎么播撒？本节阐述的就是幼儿教师在教育追求中播撒幸福种子的策略。

---

[1] Carr A. 积极心理学：关于人类幸福和力量的科学 [M]. 郑雪, 等译校. 北京：中国轻工业出版社, 2008：28.

一、培养对教育工作的"真兴趣"

歌德有句名言:"如果工作是一种乐趣,人生就是天堂。"既然已经选择了教育工作,那就要把教育工作作为自己的"真兴趣",而不仅仅是谋生手段。要以积极的态度对待教育工作,为教育而生存,体验工作本身的乐趣,培养出真兴趣,获得幸福感。

我刚进入幼儿园工作时的情境至今历历在目:

刚毕业进入幼儿园工作,园长安排我带小小班(即托班)。新生入园的第一天,也是我实际独立带班的第一天,我着实被孩子们此起彼伏的哭声搞得狼狈不堪,一天下来筋疲力尽。我自问:"难道这就是我今后的生活?"但是,为了生计我不得不往下走,再累再难也要硬着头皮干下去。我想,既然一定要做,何不快乐地做。于是我把全部精力放在了孩子们的身上,自制教具、学具,认真备课,每天都以十二分的努力投入工作。一个月后孩子们慢慢度过分离焦虑期,我感受到更多孩子们天真可爱的一面,我的工作得到了老教师和家长的认可,期中的家长会上,家长的表扬更让我感受到了教师工作的价值与意义。

我的亲身经历说明:工作是可以干一行爱一行的,积极的态度很重要。态度积极可以激发智慧、热情和责任,而智慧、热情和责任会促使你全心全意投入当下所从事的事业。工作有成效,你就会感受到自己所从事工作的意义与价值,从情感上就会慢慢爱上它,兴趣就会油然而生。

(一)以积极的态度激发对幼儿教育工作的兴趣

兴趣是培养出来的,而天生具有的兴趣是不存在的。积极的工作态度可以潜移默化地影响人们对工作的兴趣,随着工作的深入,你会对自己从事的工作产生深厚的感情。"天下无难事,只怕有心人。"对待工作的态度决定了你对工作的兴趣。工作不仅要"爱一行干一行"，更要"干一行爱一行"。如果动辄以"没有兴趣"为借口，对工作敷衍了事，或总是这山望着那山高，那就不可能生发出对工作的兴趣。

（二）倾情投入幼儿教育工作，体验幼儿教师工作的价值感

当一个人在某种价值观的指引下做自己认为正确的事情时，自然而然就会产生爱的情感。作为教师，如果你体会到教育是一件正确的事情，就会认为自己的工作具有价值感，进而体验到职业幸福感。

二、让追求卓越成为一种习惯

（一）追求卓越的释义

卓越既是一种标准的方向，又是一种人生的境界。作为标准，它不仅指优秀，而且指优秀中的拔尖。卓越是永远的追求方向、不断前行的人生境界。追求卓越要求人们不断学习，提升自身的核心竞争力，并将自身的优势、能力、资源等发挥到极致。

（二）教师追求卓越的内在机制

有人研究了诸多教育家及特级教师的成长过程，发现他们有一个共同的特点，就是都具备自主发展的自觉意识与能力。我称之为追求卓越的内在机制。我们先来分析几个关键：

1.什么是自主发展

（1）"自主"的内涵。"所谓自主，就是自觉、主动地追求个人要达到的目标。"关于自主可以从这几个关键词去理解：自觉、主动、积极、主观意识、能动性、非外界强制。

（2）"发展"的内涵。这里特指一般意义上的人的发展，或者可以理解为人生道路上的进步、完善。关于发展可以这样理解：不断提高自己、完善自

己,包括人生道路上的进步、生理和心理上的完善;主动创新改革、不断探索新知等。

(3)自主发展。自主发展就是自觉主动地学习、实践、创新,把自己原有的身心水平和专业能力提高到一个新的高度。

2.教师自主发展的含义与基本特点

(1)"教师自主发展"的含义。"教师自主发展是教师个体自觉主动地追求作为教师职业人的人生意义与价值的自我超越方式。"我认为"自我超越"一方面可以从自我实现的角度来理解,就是一个人在思想境界、个人技能、文化知识、专业水平、人格素养等方面突破极限的自我实现;另一方面可以从职业人履行使命的角度来理解,教师作为职业人,其使命就是教书育人、传授文化。教师之"自我超越"就是在教育履职的过程中,以其教育的业绩创造人生的意义和价值。

(2)"教师自主发展"的基本特点。金美福在《教师自主发展论》一书中对"教师自主发展"的基本特点有如下总结:其一,发展需求和愿望的内在性,也就是说,教师自主发展的需求和愿望是内在的,其追求愿望和目标是基于个人的人生价值与意义。其二,发展内容的个体性,即发展的是个体内在的潜能,不是为了达到外在的标准,当然这种个性的内在潜能的发展是为了更好地实现社会使命,是个性与社会性的和谐发展。其三,发展个体的自觉主动性。教师的自主发展是一种自觉的、主动的发展状态,是基于教师的主观能动性的自我超越。

(三)培养自主发展的能力

在自主发展的能力形成的过程中,个体的认知、情感、价值观都起很大的作用,是在几个方面的作用下不断发展的。可以从以下几个方面努力践行:

1.提升学习力

陶行知说:"我们做教师的人,必须天天学习,天天进行再教育,才能有教学之乐而无教学之苦。"亚里士多德说："能够有力而成功地从事你的工作，才是幸福。"所谓有力就是"精通"，而业务精通的前提是"学而不厌"。

（1）学习力的内涵。学习力，总体来说由三个要素组成，即学习的动力、学习的毅力、学习的能力。我个人认为，学习的动力指向学习的愿望，包含情感、态度；学习的毅力指向将愿望付诸行动的意志力，比如，为实现学习的目标而锲而不舍、坚韧不拔、自觉抵抗无关干扰等；学习的能力指向会学，即学习的方法层面。

（2）幼儿教师提升学习力之策。其一，要激发学习的愿望，学习是由于自己的需要，而不是来自外界的强制。学习是为了更好地解决教育教学中的困惑与问题，提高教育教学水平与质量。其二，以适合成人学习的方法提高学习的效率和效益。其三，要有明确的目标，为达成目标而坚韧不拔，锤炼自己的意志力。教师的"学"既是"知"，也是"行"，是为知而行。"学"什么和怎么"学"均与在"教"的过程中遇到的问题及如何解决有关。也就是说，提升教师学习力的有效策略是"研究性学习"，关于这个话题将在本章第三节中具体阐述，在此不赘述。

2. 锤炼意志力

（1）意志力的内涵。意志力与自我控制相关，即控制自己行为的能力。也可以理解为个体按照社会的标准或自己的意愿，对自己的行为、情绪和认知活动等进行约束、管理的能力。意志力是为达到某种目的而产生的心理力量，是一个人自觉地确定目的，并根据目的来调节自己的行动，克服各种困难，从而实现目的的品质。比如，我们要追求卓越，就要有一种心理力量，克服作为人常有的"惰性"。

差之毫厘，谬以千里

小A和小B是高中同学，高考的时候，小A考入一所师范大学，毕业后分配在高中任教；小B考入了一所幼儿师范学校，毕业后被分配在幼儿园任教。他们曾经都有美好的愿望和人生目标——成为名师，都默默下定决心努力拼搏，其中有一件事是他们刚入职的时候都坚持做的——"写教育日记"。只是小 A 写了一段时间后，感觉写与不写区别不大，而且占用休闲娱乐的时间，"惰性"让他放弃了原来的坚持；而小 B 却坚持着这个习惯，几年下来积累了很多对教育的感悟与经验。

若干年以后，小 A 找到小 B，对小 B 说："今年我提交了一篇论文，能否在论文评审的时候关照一下，今年我想评高级教师，需要两篇论文。"当时小 B 已经成为名师，被破格评上了副高职称，而小 A 仍是中级职称。

案例中小 A 和小 B 最初的愿望都很美好，但小 A 的意志力不如小 B，当小 A 抗拒不了"惰性"而放弃"写教育日记"时，小 B 却坚持信念，执着前行。小小的差异却在若干年后拉开了偌大的"距离"。

（2）幼儿教师锤炼意志力的方法与途径。

第一，确定目标并专注于它。首先要有明确的目的性，没有目的的行动不能称为意志行动。目标不能空洞，要具体并具有可操作性。比如，"我打算多读一些书"，应该具体为"我计划每天晚上抽出 1 小时读书"。

第二，分解任务并关注当下。这里指的是要有长期、中期、短期规划，每个阶段有明确的任务。克服与实现目标不相符的主客观干扰因素，一心一意关注任务并圆满地完成。比如，本学期的目标是要锻炼自己观察儿童行为的能力，分解任务每周必须完成一篇有质量的"学习故事"，那就一定要坚持并有质量地完成。

第三，肯定自己并决心坚持下去。往往会有这样的情况，本来下定决心要坚持做一件事，可是中途因这样那样的客观原因中断了，有些人以中断为借口放弃了；有些人则重下决心坚持下去。

3.提高行动力

理想再美好，没有行动也是空想。大多数人不是输在没有理想、没有梦想上，而是输在行动力上。陶行知写过一首歌谣《手脑并用歌》：

> 人生两个宝，双手与大脑；
>
> 用脑不用手，快要被打倒；
>
> 用手不用脑，饭也吃不饱；
>
> 手脑都会用，才算是开天辟地的大好佬。

这首歌谣说明既要重视学习力与思考力，也要重视行动力与实践能力。

（1）行动力的内涵。行动力在这里特指对于自己想做的事情，要迅速果断地去完成，即使遇到阻力、困难，内心产生阻抗，也要有挑战自我的勇气，以坚定的信念、坚韧不拔的毅力继续做下去并最终完成。

你是否有过这样的感受：突然想要干一件事情，感觉非常美好，热血沸腾，但心里有一种无力感，不知从何处着手。有时候我们听了一场报告或者参加了一场培训学习，当时被激发出兴奋感，出现很多优化教育教学策略的想法，但是在回到岗位上时，随着时间的推移，却什么也没有改变。如此种种就是行动力弱的表现。

（2）幼儿教师提高行动力的方法。

第一，善待平凡，从小事做起。古人云："不积跬步，无以至千里；不积小流，无以成江海。"无论多么远大的理想、伟大的事业，都必须从小处做起，从平凡处做起。

第二，想了就要干，从易到难不拖延。有些人总是以没有条件或条件不齐备为借口延误计划，其结果是丧失了机遇。只要看准目标，"有条件要上，没有条件创造条件也要上"，关注当下，从能做的小处入手，逐步壮大与完善。

马云送给创业者的话

作为创业者，首先要给自己一个梦想。在1995年我偶然有一次机会到了美国，发现了互联网，回来以后我请了24个朋友到我家里，大家坐在一起，我说我准备从大学辞职，做互联网。两个小时以后大家投票表决，23个人反对，只有一个人支持，大家觉得这个东西肯定不靠谱，别去做，你不懂计算机，而且根本不存在这么个网络。但是我想了一个晚上，第二天早上还是决定辞职，去实现我的梦想。为什么是这样呢？今天我回过头来想，我看见很多优秀的年轻人是晚上想想千条路，早上起来走原路，晚上出门之前说明天我将干这个事，第二天早上依旧走自己原来的路线。如果你不采取行动，不给梦想一个实践的机会，那么你永远没有机会。这样我稀里糊涂地就走上了创业之路。我形容自己是一个盲人骑在一只瞎老虎上，根本不明白将来会怎么样，但是我坚信互联网将会对人类社会有很大的贡献……

有了理想以后，我觉得最重要的是给自己一个承诺，承诺要把这件事做出来。很多创业者都是想想这个条件不够，那个条件没有，该怎么办？我觉得创业者最重要的是创造条件，如果机会都成熟，一定轮不到我们，所以一般大家都觉得这是好机会，觉得机会成熟的时候，往往不是你的机会。你坚信这件事能够做起来，就给自己一个承诺，说我准备干5年、干10年、干20年把它干出来，你就会走得很远。七八年以前，阿里巴巴没有名气，我们没有品牌、没有现金，人们也不相信电子商务……但是经过了五六年，我们这些人居然都很有钱，大家都有成就感，为什么？我觉得就是因为我们相信我们一起在做一件有意义的事情。所以我觉得创业者给自己一个梦想、给自己一个承诺、给自己一份坚持是极其关键的！

（本案例来自网络）

从上述案例可以看出，马云的成功在于他既有思考力，具有会"判断"的头脑；又有当机立断的行动力。

第三，迟做总比不做好。有些人因为错过了一些机会，就觉得没有希望了，整天生活在后悔中，或者干脆破罐子破摔，那就真的没有希望了。

我女儿在高中毕业的时候跟我说了一句话，我觉得特别有道理。她说：

"妈妈,我自己的经历让我感悟到,有些事迟做总比不做好。"她还跟我举了好几个事例。比如,高考的时候,大家都觉得她发挥得好。她说:"其实我自己知道我当时就是这个水平,正常发挥而已,在最后冲刺一个月里,我的进步是飞跃式的。当时我就想,之前没有努力,已经是现实了,现在虽然有些迟了,但'迟做总比不做好'。这一个月我认真分析了自己的实际情况,制订了学习计划并坚持执行,学习效率相当高……""迟做总比不做好"让她面对困境不放弃,在别人觉得不可能的情况下,她考上了重点大学。

人生是没有回头路的,走过了就成为了过去,不要沉湎于"如果"之中,立即行动起来,也许会有不一样的风景等着你。

第四,当机立断少徘徊。有时候人是这样,虽然知道自己想要什么,但总觉得无论从何处入手都不够完美,于是决心就在纠结徘徊中消磨掉了。我自己也有过这样的体会,想写一篇稿子,总觉得怎样写都不够完美,想不出更完美的词句来表达与诠释,于是无从落笔。直到有一天,一个朋友跟我说,你当时的想法不管是否完美,先下笔写出来,第一稿先完成,后面再修改时或许你的灵感就出现了。后来我按他说的做,写稿子的速度明显快了很多,效率提高了,自信心也更强了。

4. 培养创造力

"教育是一门科学,科学需要不断探究其真谛;教育是一门艺术,而艺术的生命力在于创新。"作为教师,创新意识和能力是非常重要的。要成为优秀的教师,一定要重视培养自己的创造力,因为"教有教法,教无定法"。这里所说的"教有教法"就是作为教育科学的普遍规律性,而"教无定法"则是由教育科学的复杂性与情境化所决定的,要求教师必须具备创新意识和能力。

（四）让追求卓越成为一种习惯

1. 什么是习惯

《新华词典》对习惯是这样释义的："长期养成不易改变的动作、行为、生活方式、社会风尚等"。简言之，习惯就是一个人的行为倾向，而且这些行为倾向是稳定的，甚至固化了的。比如，有的人在晚上睡觉前必须看一会儿书，否则就睡不着，这就是习惯。

2. 幼儿教师要让追求卓越成为一种习惯

让追求卓越成为一种习惯，就是要把自己要做的重要工作做到极致，追求完美。教师的重要工作就是追求教育教学的最优，爱教、会教、乐教。爱教就是建立起对教育的热情与兴趣；会教就是掌握科学与艺术的教育方法与创新策略；乐教就是培养起以教育为乐的情怀。

（1）以专注的态度执着前行。专注是一个人专心于某一事物或活动时的心理状态；执着是追求某样东西或某种状态，永不放弃的精神与行动。激烈的职场竞争如逆水行舟，不进则退。不管你因何种原因选择了教师这行，都要干一行爱一行，专注于教育事业，追求教育的真谛。当然，如果你通过自我分析，认为自己的确不适合做教师，那就早做打算，选择自己适合的行业执着地干，千万不要浑浑噩噩、得过且过。否则，既误人子弟，又浪费自己的生命。

（2）以必定达成的信念执着前行。信念是人们在一定认识的基础上确立的某种思想并身体力行的心理态度和精神状态。信念具有无穷的力量，指引着我们前行。教师的信念不仅影响教学工作质量，而且对教师自身的专业成长也有重要的作用。首先，信念决定教师的工作态度，教师如果有为教育事业奉献一生的信念，一定会执着于对教育真谛的追求，不断完善自己的教育教学水平与能力。其次，信念主导着教师的教育教学行为，是行动的方向和内在动力。比如，"爱心育人"是我的教育信念，那么我就会始终践行"爱的教育"。最后，教师的信念也是教师自我发展的原动力。教育家陶行知先生有"教育救国"的信念,这奠定了他的人生志向:"通过教育而非武力来创建一个民主国家……"不为名利所惑,不为权势所左右,执着于走自己的"正道"——"为中国教育寻觅曙光,探获生路""终生甘为孺子牛"。

(3)执着是永不放弃的坚韧。纵观古今中外的教育家、优秀教师,他们的身上都有一个共同的特点:坚韧不拔的品格。我的感悟是:一要坚信"办法总比困难多";二是"人生没有过不去的坎儿";三要有"遇山开路,遇水架桥"的勇气和行动。总结起来就是,要有永不放弃的坚韧。

(4)执着也是善于取舍的智慧。一个人要有舍的度量与胸怀,才能轻装上阵,不忘初心,砥砺前行。

有这么一个寓言:有只小虫子很喜欢捡东西,在它爬过的路上,只要能碰到的东西,它都会捡起来放在背上,最后,小虫子被身上的重物压死了。

人不是虫子,但人在社会生活中的所作所为又像极了小虫子。要做大事的人不会把时间和精力花在无关紧要的小事情上。执着于鸡毛蒜皮的小事,离成功就会越来越远。不斤斤计较,以豁达之心看待问题,才能有幸福感。舍的大小,不仅在于物质利益的多少,更在于要有长远打算,舍掉眼前的安逸或急功近利,这样的舍才是真智慧。

第二节　在享受工作的过程中感悟幸福

如果你觉得工作是一种枷锁,那么人生就如同地狱;如果你觉得工作是一种享受,那么人生就如同天堂。本节阐述的是幼儿教师的享受工作之策。

一、以审美的态度去享受工作

以审美的态度对待教育工作,将工作本身视为目的,而不是达成其他目的的手段。工作与生活不可分,工作是一种生活方式,是生命的重要内容。

如果把工作看作负担，仅仅将之视为谋生的手段，那么体验到的一定是痛苦。

1. 什么是审美的态度

抛开外在的目的、功利，以一双发现美的眼睛看待事物与现象本身，则万事万物皆有其美之处。当我们以审美的态度看山水时，则山水的每一个角落都有美的存在；当我们以审美的态度对待生活时，就能体会到生活中美好的一面；当我们以审美的态度看待教育工作时，则会感受到教育本身的魅力与美好；当我们以审美的态度看待孩子时，就会发现每一个孩子原来都那么可爱，就会包容、忽略他暂时的不够优秀。

2. 如何以审美的态度去享受工作

有人问三个砌砖的工人："你们在做什么？"第一个工人回答："我在砌砖。"第二个工人回答："我在赚钱。"第三个工人回答："我在建造世界上最有特色的房子。"若干年后，前两个人还是普普通通的砌砖工人，而第三个人却成了有名的建筑师。

案例中的第三个工人就是以审美的态度去享受工作的美好。以审美的态度对待工作，将工作看成一项生命的计划，着眼于工作本身的意义和价值，体会工作过程的各种美好。对于幼儿教师来说，以审美的态度享受工作可以从以下几个方面入手：

（1）以审美的眼光看待幼儿。比如，活泼好动是幼儿的天性，当你以审美的态度看待孩子的活泼好动时，你感受到的是儿童的天真与可爱；当你以厌烦的态度看待孩子的活泼好动时，你感受到的是孩子的淘气和讨厌，由此而产生对工作的排斥。

（2）以审美的眼光看待同事。当你以审美的眼光看待同事时，你感受到的就会是同事身上美好的一面。比如，同样是同事对你的关心，当你正向理解、以审美的眼光看待的时候，你会感动与感激；当你以负向的态度去解读的时候，可能就会产生猜疑。

（3）以审美的眼光看待教育的崇高和美好。"教师是人类灵魂的工程师。"这是社会给予教师的崇高赞誉。作为教师，我们一方面要感受到自己工作的伟大与崇高；另一方面要朝着优秀教师的方向努力，做好教育教学工作。

要把职业的态度与人生意义融为一体，达到"职业与人生的合一；职业价值与人生幸福的合一"。

二、为实现内在价值而快乐地工作

以内在价值为根据来审视主体内在的意义。每一种工作都有一定的价值，人们有不同的关注视角，就会产生截然不同的体验。就像杨启亮教授所说的："行为必然创造价值，满足社会需要创造的价值是外在价值，满足主体需要创造的价值是内在价值。仅限于外在价值或以外在价值为根据来评价主体，就有了高尚、伟大、奉献等说法，而如果换个视阈，研究内在价值或以内在价值为根据来审视主体，就有了主体体验中的充实、收获和幸福等。"

给予是幸福的特征之一。一方面表现为无私的利他，在他人获益中获得幸福，表现在教师身上就是在学生成长中获得幸福。另一方面是在给予中实现自己的人生价值，提升自己的生命境界。从这个意义上说，"给予"不是奉献，"给予是潜能的最高表达。在给予的行为中表示了生命的存在。这样的给予本身便是极大的快乐"。也就是说，"给予"绝不仅仅是一种自我牺牲、自我消磨或毁灭，而是在职业奉献的同时也实现着自己的生命价值，提升着自己的生命境界。

三、以强烈的兴趣充满激情地工作

成功的教育者，或许其人生经历各有不同，但都会有一个相同的特点：就是对自己所从事的教育工作有强烈的兴趣并充满激情地工作。兴趣可以使人集中精力做事，并创造性地完成各项活动。强烈的兴趣可以让人感受到生命的意义，化艰辛为精神的欢愉。一个对事业充满激情的人具有以下几种特质：其一，精神状态乐观积极；其二，对待工作热情投入；其三，对待团队积极主动；其四，敢于创新，具有创造力；其五，乐于变革，具有行动力；其六，具有活力和高效能。

教师是否对教育工作具有强烈的兴趣，直接影响到其教育工作过程是否有激情。那么，教师对教育的热爱之情、对教育工作的兴趣从何而来呢？又怎么让其持久呢？这是作为教师应该探讨和思考的，因为这直接影响我们自身的幸福感。以下几点与大家共勉。

1. 要有强烈的责任心

兴趣是可以培养的，或许选择当教师之前，我们对教育工作并不感兴趣，但责任心可以激发出兴趣。陶行知先生也不是从一开始就执着于教育，他的人生志向大体经历了四次变更：少年陶行知确立的人生志向是"医药救国"，促使他发愿学医的动因是其姐幼殇，家乡缺医少药的现状。他的第二个人生志向是"文学救国"，陶行知在杭州广济医学院就读时间不长，因为受到歧视而愤然退学回乡，后考入南京汇文书院读书，此时，他的志向转向文学。他的第三个人生志向是"政治救国"。辛亥革命的爆发催生了陶行知政治救国的梦想，赴美国伊利诺斯大学攻读政治学硕士学位，以寻求政治救国之道。"教育救国"是他的第四个人生志向。陶行知留学美国后，深感美国社会的繁荣与富强与其教育的熏陶与影响分不开，深切认识到教育改造社会的作用及力量，萌发了"教育救国"的思想。1915年他获得伊利诺斯大学政治学硕士学位后，毅然选择在美国的教育重镇哥伦比亚大学师范学院攻读教育学博士，师从杜威、孟禄、克伯屈等教育大师。回国后他投身"教育救国"的事业，坚持做"一流的教育家"。

我个人的经历让我认识到，兴趣是可以在对工作的责任心的基础上激发出来的。在考入幼师之前，可以说我对幼儿教师的职业性质与特点一无所知，但随着学习的深入，当责任心成为习惯的时候，我在不知不觉中便爱上了幼教工作。

2. "没有爱就没有教育"的信念

教育家马卡连柯曾说过这样一句话："没有爱就没有教育。"陶行知先生创办的"育才学校"陷入困境的时候，他到处奔波筹措资金，以维持学校的日常生活开支。当时有人嘲笑他说：你这是在抱石游泳，学校如同重石，很可能将人拖入水底，还是弃石为好。陶行知不以为然，幽默而坚定地回答："我不是抱着石头游泳，而是抱着爱人在游泳，越游越起劲，要游过激流险滩，达到胜利的彼岸。"办学者及教师都要充满爱，爱教育、爱学生。不但要有爱的心，还要有爱的能力。用师爱引导学生成长，你就会因学生的成长而乐，你就会对我们所从事的教育事业倾注浓浓兴趣与激情。

3. 善于学习，勇于创新

日复一日的重复教学会使教师丧失兴趣，甚至产生职业倦怠。教师要想在看似重复的教学活动中自得其乐，就要做出不一样的新意，创造性地开展工作。

高尚的师德修养与精湛的业务水平是教师必不可少的专业素养。善于学习、勇于创新是教师成长的必由之路。所有的幸福都来自并存在于主体积极的创造活动过程。人在创造性的实践活动中形成真正属于自身的生命价值，感受人生的真实幸福。人会因为自我价值的实现而自我肯定，从而获得幸福。一个人越是能够实现创造的潜能，其自我实现的程度便会越高，其幸福体验也就越深刻。

4. 体验内在的成就感

成就感，是指一个人做完一件事或在做一件事情的过程中，为自己所做的事情感到愉快的一种感觉。无论从事何种职业，如果长期缺乏成就感，就会产生"职业倦怠"。教师的工作很辛苦，收入也不高，物质上并不富有。但我们要学会苦中作乐，在与学生的共同成长中享受快乐与幸福，这就是内在的成就感。

四、以专业学识有智慧地工作

习近平主席说：扎实的知识功底、过硬的教学能力、勤勉的教学态度、科学的教学方法是教师的基本素质。智慧的教师是"知、情、意"和谐发展的教师，既要有扎实的专业知识、专业能力，又要有良好的心理素养，包括认知素养、情感素养和意志素养；既要有良好的职业道德修养，又要掌握精湛的专业基本功。

（一）幼儿教师的专业学识

幼儿教师的专业学识可以分成可言传与不可言传两类：

1. 明确的显性知识

这部分知识存在于书本，可编码（逻辑性）、可传递（共享性）、可反思（批判性），属于"是什么、为什么"的知识，可以通过大量阅读获取。

2. "默会"的隐性知识

这部分知识存在于个人经验之中，具有个体性；嵌入实践活动，具有情境性。是属于"怎么想、怎么做"的知识，本质上体现的是理解力、领悟力。这类知识的积累根植于教育实践，要通过在"知行思交融"和"教、学、研同期互动"中感悟与积累。关于这两种模式，下面有专门的阐述。

在教师的专业学识中，明确的知识犹如露在水面的冰山一角，而"默会知识"则是水面下的冰山底座。教师的学识具有个体性、情景性，需要教师在教育实践中不断探究、理解与感悟。

在《幼儿园教师专业标准（试行）》中幼儿教师的专业学识包含以下几个维度的内容：

①专业知识：包括"幼儿发展知识、幼儿保育与教育知识、通识性知识"三个领域，共15条基本要求。

②专业能力：包括"环境创设与利用、一日生活组织与保育、游戏活动

的支持与引导、教育活动的计划与实施、激励与评价、沟通与合作、反思与发展"七个领域，共27条基本要求。

《幼儿园教师专业标准（试行）》要求幼儿教师掌握的专业学识，属于对幼儿教师的基本要求，随着教师生涯的展开，专业知识的深度也会呈螺旋式上升。

（二）知行思交融原理与教师的专业学识提升

知行思交融原理是中国台湾地区花莲师范学院初等教育学系的饶见维教授于1996年提出的教师专业发展模式的基本原理（见图3-1）。

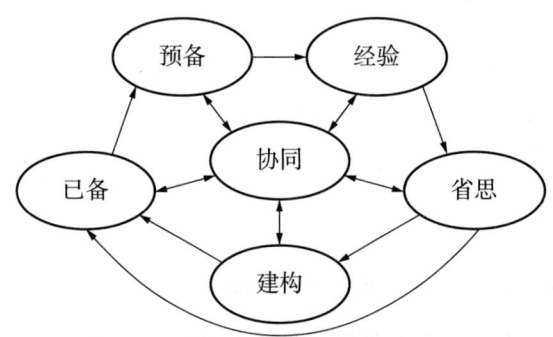

图3-1 教师专业发展——知行思交融原理图

他用"知行思交融"五个字揭示了教师专业发展的基本原理。他是这样解释的：

所谓"知"，包括"已知"和"新知"，也就是教师已经具备的各种专业内涵以及刚刚形成的预备知识或预备行动；

"行"是为了获得实际体验，教师所采取的具体教育行动；

"思"是教师针对从"行"中获得的实务经验进行的反省、检讨、分析、综合、评鉴等高层次的认知活动。

这三方面必须环环相扣、互相配合、交融并进。所以名之为"交融",包含三层含义:

第一,要尽量做到"知行合一",即专业理论与实务必须密切结合;达到"即知即行、知而能行、行而后知"。

第二,要尽量做到"行思并进",即工作中要以"行中思"的方式解决问题。与一般科学研究的历程一样,"行"与"思"必须交互并进,在行中思考专业知识,达到"行中有思、思中有行、行而后思、思而后行"。

第三,要尽量做到"学思并重"。这里的"学"就是学习别人或书本上现成的知识;所谓"思",就是个人主动积极地投入省思与建构活动。

饶见维提出,"知行合一""行思并进""学思并重"三者结合就是"知行思交融"。三者缺一不可:

有行思而无知。只靠自己的行动摸索与用心省思,而没有他人知识上的协助,则需要耗费很长的时间摸索。如果没有把省思的结果进一步建构成某种知识符号,也不易被记住,以供将来应用。

有知思而无行。只是在抽象的知识上省思,而没有获得实际的体验,则省思所得的知识不易与实际配合。

有知行而无思。只依赖别人所提供的知识与自己的行动体验,而没有针对体验去积极省思建构有意义的知识,则形成经验浪费。此外,没有经过自己消化重组的知识,对未来的工作也不会有很大的效用。[①]

第三节　在教育研究中发掘幸福

苏霍姆林斯基说过:"如果你想让教师的劳动能够给教师带来一些乐趣,

[①] 金美福.教师自主发展论[M].北京:教育科学出版社,2005:218.

使天天上课不至于变成一种单调乏味的义务,那你就应该引导每一位教师走上从事教育研究的这条幸福的道路上来。"

教育研究是教师获得持续幸福感的源泉。教师的幸福来源于其教育业绩创造出人生的意义和价值,这需要教师具备优良的师德和过硬的专业学识与教育智慧。由于教育工作的特殊性,专业学识与教育智慧更多来源于默会知识,具有很强的情境性与个别性,教师的自主发展意识与能力显得尤为重要,而教师自主发展之策是让教、学、研同期互动。教育研究在教、学、研同期互动中起着关键作用。从这个意义上说,教育研究是教师自主发展的必由之路。因此,归根结底,教育研究是教师持续获得幸福感的源泉。

一、教、学、研同期互动的理论解说[①]

这里所说的"教"指向幼儿教师的一切教育教学活动,包括集体教学活动、幼儿生活与游戏活动等。"教"既是幼儿教师一天基本活动的场,又是生活的内容,也是教师参与知识的一种方式。"学"指向教师的知识资本产生与积累的过程。"知识资本"是通过学习获得并积累的,"学"也是教师参与知识的一种方式。"研"指向"教育研究","研"是为了解决"教"中产生的问题与困惑,同时在科研活动中,知识的扩展通过学习活动来实现,教育研究的过程隐含着学习的发生,这种学习是为解决问题而发生的,具有很强的情境性与个别性。

在教育科研的过程中,教、学、研三环节随之同期互动。"教"既是问题产生的场,也是问题解决的场。也就是说,教师研究什么取决于教师在"教"中产生的问题,而如何解决这个问题,同样要在"教"的过程中进行实践研究。"研"一旦启动,"学"也随之启动。"研"需要知识资本作为支撑,这时的"学"什么、怎么"学"都取决于"教"中所遇到的问题,它会受要研究解

[①] 金美福.教师自主发展论[M].北京:教育科学出版社,2005.

决的问题的制约。"学"既是"知",也是"行",是为"知"而行(见图3-2)。

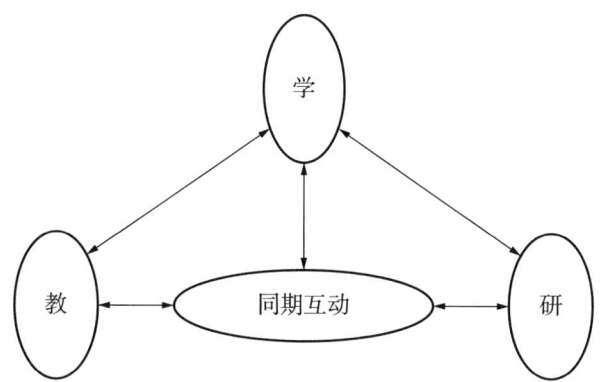

图3-2 教、学、研同期互动原理图

二、教、学、研同期互动与教师自主发展的关系[①]

教能促学,学能促研,研能提升教和学的品质。教、学、研以三种不同的方式参与知识的学习与积累。教是知识的输出,学是知识的输入,研是知识的生成。教、学、研同期互动,知识处于不断的生成和发展状态。在此过程中,教师既是知识的传授者,又是知识的学习者、组织者,同时是知识的贡献者和创造者。研是核心,能够连接教与学。教师一旦处于研究状态,教、学、研就会发生同期互动的关系,这时,教、学、研对教师来说就意味着以三种方式参与知识,也即教师以复合型角色参与知识。在三种角色的转换中教师发生了变化,实现了发展。

三、教师的研究方式

1.写教育日志

写教育日志即每天或几天记录一次自己在教育实践中的感受。这种方式

[①] 金美福.教师自主发展论[M].北京:教育科学出版社,2005:10.

可以让教师对教育教学事件所蕴含的意义与价值有更深的理解,对自己的思想和相关行为有更多的了解与感悟。写的过程就是一种反思的过程,是对自己日常教育教学的反思。这种研究方法和成果表达方式简单、易于操作,每个教师都可以做到,但存在"随意性",需要教师持之以恒。

请看以下案例:

赞扬成就的"魔法时刻"——我和阿宝的二三事

教育从来不是一件容易的事

刚进入中班,孩子们就像为客人介绍自己家的好东西一样,热情地向我介绍自己和班里的一切东西。而当轮到阿宝时,他咬咬手指头看看我,好像并不打算介绍自己。其他孩子纷纷叫起来:"他叫阿宝,是我们班最调皮的男生!"……正如孩子们所说的,阿宝确实是被告状的"常客",2/3 的"打人"事件主角都是他,在平时的活动中我花费了许多力气提醒他。每一次的"事后讲理"和"循循善诱"似乎都无法阻止阿宝与同伴"打闹",难道是我对阿宝的行为解读不当?我试着改变对"阿宝打人"的处理方式,然而……

小宇跑过来告诉我阿宝打她,我想了想对小宇说:"阿宝想和你打招呼。"并转头问阿宝:"是吗,阿宝?"阿宝摇了摇头。我走到阿宝面前,蹲下来问他:"你是想和小宇打个招呼吗?"阿宝不作声(此时我多么希望自己猜对他的行为意图啊),我又接着问:"你是觉得她可爱吗?"阿宝摇头,我再追问(我开始失望):"那是为什么?"阿宝弱弱地说:"就想弄一下她。"我严肃地对他说:"如果我用手弄你一下,你愿意吗?"阿宝这才摇头说:"不愿意。"我接着说:"我们的手要放在自己的身上,管好自己的手,可以吗?"阿宝斜着身子坐在凳子上,转过头没有回答(他拒绝和我交流)。我压制着自己的怒火,牵起他的两只手说:"来,看着我。管好自己的手可以吗?"或许是被我的严肃惊到了,阿宝转过头看着我,点点头。

我尝试用善意的行为动机来解读阿宝的打人行为,但阿宝似乎真的就是想去"挑弄一下"同伴。和阿宝的博弈走到这里我已经有些绝望,象牙塔里学习的理论和互动方式对阿宝不奏效,难道我真的要对阿宝下定论:他是一个"爱打人的小朋友""不友善的小朋友"吗?难道我真的只有用"以暴制暴"的方式才能扭转他的行为,改变他在同伴心中的形象吗?教育真的不是一件容易的事!

"黑魔仙"也会哭

每一次我处理阿宝与其他小朋友的矛盾冲突时,阿宝都表现出"无所谓"的神情,这让我费解:对同伴的不接纳,难道他一点都不在乎吗?他对集体一点都不渴求吗?在一次角色游戏中,我发现"黑魔仙"也会掉眼泪。

琪琪和金豆拿着巴拉巴拉小魔仙的仙女棒朝阿宝挥舞着,嘴里还念念有词:"巴拉巴拉能量聚集,消灭黑魔仙!"阿宝双手交叉挡在面前,表情严肃,像是在和琪琪她们互动,又像是在拒绝琪琪她们靠近。这时金豆叫来了奥宇和小贝,四五个女孩子一起挥着魔法棒朝阿宝叫道:"消灭黑魔仙!"我以为阿宝会冲上去打女孩子的玩具,没想到他竟然转身跑回了座位上。我跟过去一看,阿宝手肘撑在桌上,双手遮住脸正偷偷地抹眼泪。他似乎是不想让我看到,故意转过脸去望向窗外。

再调皮的孩子都不愿意充当童话里的"坏人",不被认可的伤心已经远远超过攻击行为中宣泄愤怒的快感。"我不想当黑魔仙!"我听到阿宝内心的声音。……

(杭州市采荷第二幼儿园 李婧菁)

我在读李婧菁老师的系列教育日记时,从字里行间感受到"来自心灵交流的爱是有生命力的;来自心灵交流的爱能震撼人心"。作者通过记录教育日志反思自己的日常教学,进一步梳理感悟,日积月累就会形成自己的教育智慧。

教育日志在撰写的文本格式上比较自由,教师可以按照自己的喜好来写,实际上就是教育随笔。虽然只是随笔，但记录的过程有助于集中思想，对某一问题进行深入的思考。苏霍姆林斯基在《给教师的建议》中就提出："我建议每一位教师都来写教育日记。教育日记并不是什么对它提出某种格式的要求的官方文献，而是一种个人的随笔记录，在日常工作中就可以记。这些记录是思考和创造的源泉。那种连续记了10年、20年甚至30年的教师日记，是一笔巨大的财富。"①

2.写教育叙事

写教育叙事即研究者（教师本人）采用"讲故事"的方式"叙述"自己的教育故事，实质上是"反思"自己的教育教学。教师以叙事的方式来"写"教育故事，其根本目的是通过"写"来反思教学思想和教学行为。一是研究教师的教育思想。二是研究教育活动本身。三是研究教育对象——幼儿的认知特点、人格特质、个性差异、身心规律等。

请看以下案例：

当芽苞苞遇上花苞苞

正值万物复苏的春天，结合《大树和小花》的主题活动，我带着孩子们去操场上寻找芽苞苞，孩子们雀跃着出发了。孩子们在柿子树下驻足，蒋骏铖瞪着圆溜溜的眼睛惊叫："我找到芽苞苞啦！我找到芽苞苞啦！"朱煜辰也指着眼前的小芽说："朱老师你快来看，我也找到了，这个尖尖的。"孩子们争相拉着我去看他们寻找的成果。果果在茶花树边大声地呼唤我："朱老师，我找到了芽苞苞！"随后，就跑过来拉着我去看。我逐一为孩子们找到的芽苞苞拍下了照片。

回到教室，播放PPT，让孩子们观看自己发现的芽苞苞，说说芽苞苞长什么样？

---

① 苏霍姆林斯基.给教师的建议[M].杜殿坤，编译.北京：教育科学出版社，2013：123.

丁丁:"芽苞苞尖尖的,下面圆圆的。"

小宝:"芽苞苞是绿绿的,不过下面有点白。"

当当:"我觉得芽苞苞有点像子弹呀!"

图图:"芽苞苞小小绿绿的,像毛毛虫。"

妞妞:"芽苞苞是细细长长的,像一颗瓜子一样。"

果果:"我找到的芽苞苞是红红的。"他指着PPT上的石榴树的芽苞苞说道。

洋洋:"我找到的芽苞苞是红红的、胖胖的。"她指着茶花的花苞苞认真地说。

陈恩婷马上反驳道:"这个不是芽苞苞,是花呀!"

"对啊,对啊,是花朵小的时候!"韦秋晨大声发表自己的想法。孩子们马上出现了两种不同的意见,有的说就是芽苞苞,有的说不是。

蔡瑜骏:"不是,芽苞苞是尖尖的,花苞苞是圆圆的。"

张清岚:"不是,花苞苞长大了会变成花朵。"

妞妞:"不是,因为花苞苞边上有很多直线,芽苞苞是光滑的。"

黄志尧:"是,因为它们都是小小的。"

小宝:"是,因为它们的头上都是尖尖的。"

阿涵:"是,因为它们看着有点像。"

我将孩子们的话一一记在便签纸上,呈现在主题墙上,跟孩子们说:"那么接下去的每一天,我们都去看看这些芽苞苞吧,看看会有什么变化,好吗?"孩子们齐声回答:"好!"

过了几天,孩子们惊奇地发现,芽苞苞慢慢地舒展了,变成了嫩绿嫩绿的树叶,弯弯软软,非常可爱。而花苞苞展出了红艳艳的花瓣,娇嫩欲滴。孩子们得出了结论:呀,原来花苞苞不是芽苞苞!更值得一提的是,果果有一个重大发现,石榴的芽苞苞是红红的,当展开变成叶子的时候,居然是绿绿的了。孩子们得出结论,原来植物在生长的过程中,颜色也在发生改变呢。

教师感悟：孩子们有着与生俱来的好奇心和探究欲，大自然中真实的事物和现象是孩子们科学探究的生动内容。激发探究兴趣、体验探究过程、发展初步的探究能力是幼儿科学学习的核心。当孩子们出现认知上的碰撞之后，不妨等一等，不急于把答案告诉孩子，让他们通过观察，自己去发现答案。探究的过程比结果更重要。

（杭州市九欣幼儿园　朱洁）

上述案例是一个非常有价值的教育故事，它带给我们许多启发：①故事中可以感悟教师的教育思想：激发探究兴趣、体验探究过程、发展初步的探究能力是幼儿科学学习的核心，科学探究的过程比结果更重要。②教师的教育智慧：当孩子们出现认知上的碰撞之后，不妨等一等，不急于把答案告诉孩子，让孩子们通过观察，自己去发现答案。③研究儿童的学习：孩子们有着与生俱来的好奇心和探究欲，大自然中真实的事物和现象是孩子们科学探究的生动内容，儿童的学习既有共性，又存在个体的差异，故事中一个个孩子生动地呈现在面前，可以通过这些信息分析研究每个儿童的个性特质、现有经验与学习能力等。④研究教师教育活动的组织方式。

故事具有事中寓理的特点，能帮助我们努力挖掘教育事件中的"理"与"逻辑"，使教师在反思梳理的过程中迅速成长起来。

3. 写教育案例

写教育案例即记录教育过程中含有问题或疑难情境的真实或典型事件。教师在写教育案例的过程中，通过记录、梳理不仅能够更为深刻地认识自己工作中的重点和难点，还可以促进对自身行为的反思，提升教学工作的专业化水平，并为与同伴分享经验、加强沟通提供平台。

"力量不平等式"冲突：坏老师，坏小朋友

一、案例描述

事件1：晨间活动时，颖颖小朋友来得比较早，她拿了一筐自己喜欢的玩具独自在桌上玩着。之后小朋友们陆陆续续来到班级，玩起自己喜欢的桌面游戏，根据喜好自然分了组，有三人一组，有两人一组，多的有六人一组，唯独颖颖是孤军奋战。老师走过去说："颖颖，你这筐玩具让大家一起玩吧。"她抬起头漠然地望着老师，一会儿又低下了头，老师随即把那筐玩具搬到了有三个人一组的桌子上。颖颖猛地站起来跟在老师的后面："你是坏老师，你是坏老师……"

事件2：周五可以带自己喜欢的玩具到班级，颖颖带了一个书签，多多带了绒娃娃。颖颖看到绒娃娃，把书签往自己的口袋里一放，一句话都不说就一把抓过多多手里的绒娃娃。多多当然不肯，又把绒娃娃抢了过来。颖颖一把鼻涕一把眼泪地说："你是坏小朋友，你是坏小朋友。"多多见她哭了，很不情愿地把绒娃娃塞给了颖颖，不高兴地走开了。而颖颖则拿着多多的娃娃沉浸在自己的世界里，和娃娃说话、摆弄娃娃的衣服……

二、案例分析

这是很明显的力量不平等式冲突。

事件1：这组冲突双方是老师和小朋友。尽管老师在自己的教育行为中尽量做到和幼儿平等交流，但是在孩子眼里，老师是成人，比较强势。当她自娱自乐的情趣遭到破坏，而且这个破坏的人在她心目中属于强势的一类时，她控制了自己和老师之间的体态冲突，没有出手夺回想要的玩具。她完全明白老师为什么这么做，但她不接受，而是把这份冲动转到语言行为上，说："你是坏老师，你是坏老师。"用语言的表述，宣泄对老师的不满。

事件2：这组冲突双方是小朋友和小朋友。从地位来说属于平等式，但是从对物体的占有欲来看，颖颖非常固执，而多多非常随和。以占有欲来衡

量，颖颖处于强势地位，她解决冲突的方法就是用武力把自己喜欢的东西抢过来。还有一个细节，那就是当她准备去抢别的小朋友的玩具时，先把自己的书签藏在口袋里，说明她的占有欲非常强，在抢别人玩具的同时还要保证自己的玩具不被别人抢。

从这两个案例可以看出颖颖小朋友固执自私，不仅不懂与人协商，合作相处，而且很霸道，不合群。对这样的小朋友，教师应该如何进行行为矫正呢？

三、教师指导策略

（由于篇幅受限，以下只呈现标题）

（一）"下台阶式"移情策略，引导幼儿学习协商

1. 巧设台阶，打开协商

2. 抓住契机，学习协商

3. 故事移情，加深协商

（二）"戴高帽式"游戏策略，引导幼儿学习协商

1. 寻求高帽，铺垫协商

2. 创设情境，学习协商

3. 冲突再现，巩固协商

（杭州市淳安县机关幼儿园　余红英）

教育案例的一般结构包括案例描述（背景、情景描述）、案例分析、策略或建议指导，具有以下几个特点：其一，是对已经发生的教学过程的反映，是对结果的描述。其二，以记录过程为目的，以记叙为主，兼有议论和说明，通过事件来说明道理。其三，需要叙述教育背景，点明教育过程中的问题，提出解决问题的方法并加以评析。

教育案例与教案、教育实录、论文的关系如图3-3所示。

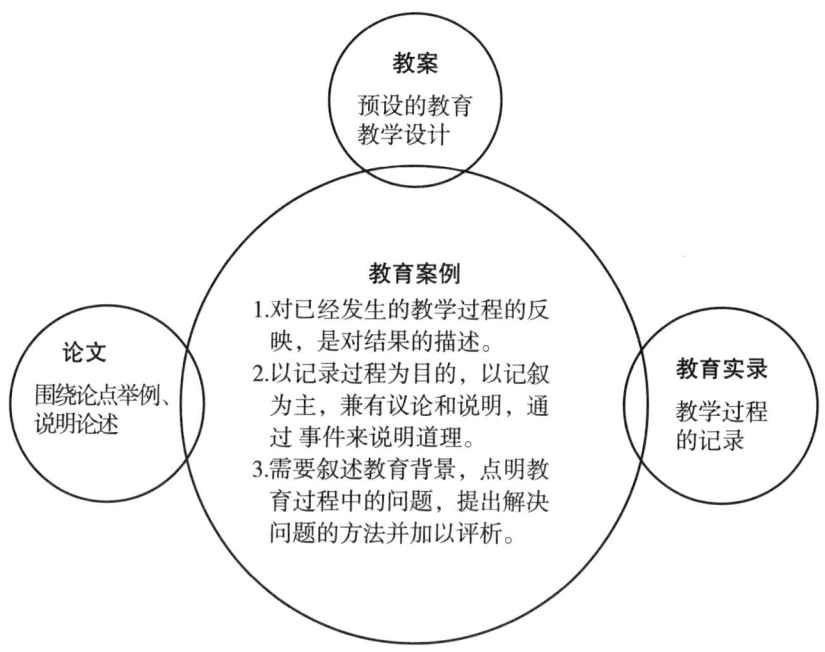

图3-3　教育案例与教案、教育实录、论文的关系图

4. 写教学反思

写教学反思即批判性地记录教师在教学过程中的思维活动。教学反思是教师专业化发展的重要内容，美国心理学家波斯纳给出了一个教师成长的公式：教师成长＝经验＋反思。教师将反思的结果用于实践中，反思本身并不是目的，其目的在于变革实践，提升教师的教育教学水平。教学反思伴随着教育和教育研究过程。

5. 写教学课例

写教学课例即记录某节课或某些课的教学场景，通过教学设计、教学实录、教学反思，对没有明确的问题指向的教学实践活动进行研究。

6. 写教学论文

写教学论文即在教学研究结束后撰写的找出解决问题的新办法、产生新认识的文章。值得注意的是，研究论文质量的高低主要在于研究过程是否做

"实"。怎样做"实"研究在"让教育研究成为教师的一种生活方式"部分中有讲解,在此不赘述。

7.课题研究

对于广大教师来说,课题就是在教育实践中要解决的问题,研究始于问题,这就需要教师要有善于发现、善于质疑的精神。教学其实就是科学,其价值在于求真。教学的最高境界就是教学研究,教师只有在教学中不断地提高自己的研究能力,才能适应社会的变化,实现自我的可持续发展。课题研究的流程:发现问题—分析问题—解决问题。

四、让教育研究成为教师的一种生活方式

幼儿园教育科研的价值体现在以下几个方面:

价值一:"实现教师转型"——从"谋生型教师"到"研究型教师"的转变,这是幼儿园教育科研的重要价值之一;

价值二:"促进幼儿的身心和谐健康成长"。"保教质量的全面提升"是科研兴园目的的归结点;是幼儿园教育科研的重要价值之二;

价值三:"在研究中形成特色,创建品牌"。"提升内涵品质"是幼儿园教育科研的重要价值之三。

幼儿园教育科研怎样实现这三大价值呢?树立怎样的科研观,是能否实现科研价值的关键。下面结合我在杭州市淳安县机关幼儿园担任园长期间实施的"科研兴园"战略来阐述"幼儿园教育科研的价值"。

1.我的科研价值观

(1)科研的价值来自"实",教师教育科研的幸福感来自"实"。做科研苦,是每一个科研人的切身体会。我也有同感,但同时我们也感受到了幸福,科研人的感受应该是苦并幸福着。做科研和做人一样,是一项实实在在的工程,"实"是科研的一项十分重要的品质,它演绎了"行"胜于"言"的学术真谛:一是研究内容真实;二是研究意义厚实;三是研究行为踏实。重行动、

重过程的教育科研可以激活问题意识，迸发思想火花，寻求教学对策，提升教育境界。可以说重行动、重过程的教育科研就是教师的自我锤炼和自我超越。浮则虚，底气不足；沉则实，心胸坦荡。

（2）教师是幼儿园教育科研的主体，教师的"教"影响着幼儿的"学"；教师的发展影响着幼儿和幼儿园的发展；教师的思想精神风貌影响着幼儿和幼儿园的精神风貌。因此，我们要树立正确的科研观，使教师通过课题研究这个载体，获得专业发展和精神发展，使幼儿在教师的影响下进入积极的学习状态和生命状态。

（3）原杭州市教科所所长施光明老师认为，理想科研状态下的教师应该获得如下成长：其一，具备三个关键词：知之、好之、乐之。知之：源自自身的内在需求；好之：成为一种生活方式；乐之：成为一种精神境界。其二，在研究中获得专业的发展，包括学科专业的发展和教育学专业的发展。其三，获得精神发展，多一点理想与激情，多一点思考与批判，多一点责任与关心，多一点修养与情趣。其四，形成积极的学习与生活状态，体会校园生活的愉悦感，获得校园生活的成功感，感受校园生活的充实感，享受校园生活的幸福感。这也是我所追求的科研价值观。

2. 案例呈现

杭州市淳安县机关幼儿园"科研兴园"之路追寻教育科研的价值

一、对"科研兴园 内涵发展"命题提出的追述

（一）背景

1. 幼儿园教师专业成长的自主性进入意识上的瓶颈，需要突破。

2. 幼儿园保教质量的突破需要全方位的改善。

3. 教育界乃至全社会对幼儿教育认识存在偏见，要让他们对幼儿教育、对幼儿园老师形成新的认识。

(二)对"科研兴园"的基本原理的思考

1. 科研与兴园之间的内在因果关系探寻。"科研"是手段,"兴园"是结果(目的),"科研"与"兴园"之间存在因果关系,即科研要达到兴园的目的。

2. "兴园"释义。我把"兴园"界定为"幼儿园保教工作的全面改善",这就意味着要进行积极有效的改革。因此,"改善"是"兴园"的目的和方向。

这种改善至少要给幼儿园带来三方面的变化:一是,幼儿身心和谐,健康成长,也就是保教质量的全面提高,这是目的与归属;二是,教师在科研中获得认识上的提高与能力上的锻炼,成为研究型教师;三是,创建真正意义上的示范性、实验性、先导性、有特色的幼儿园。而这三种变化的核心与前提是教师的转型,因为所有的改善都需要通过教师转型来落实。我们就可以由此判定:"科研"与"兴园"之间根本的逻辑联系是教师转型。

(三)内涵发展——实现幼儿园保育与教育改善,全面提升保教质量

实现幼儿园保育与教育改善的逻辑前提是什么?根据前面得出的结论——"科研"与"兴园"之间的逻辑联系是教师转型,"科研兴园"就是通过实现教师转型来实现幼儿园保教改善。那么,"科研"与"兴园"的内在逻辑关系就明了了:"科研"是手段、途径,"兴园"是目的、结果。而"科研"的"兴园"原理是通过教师转型来实现幼儿园保育与教育改善的目的。如此,二者之间的逻辑就是:实现教师转型才能实现幼儿园保教改善;改善幼儿园保育与教育,必先实现教师转型。

二、从"科研兴园"之路的成效中体验幼儿园教育科研的价值

(一)幼儿园的战略定位与策略

我们对幼儿园发展战略的定位是——科研兴园,内涵发展。以"科研兴园"为纲,纲举目张,全面调整幼儿园的环境,提出了"科研促教学,环境促发展"的发展思路。科研的落脚点便是以课题研究为抓手,在课题研究中

注重"学习与研究共同体"的构建,强调"团队意识"。我们提出了"集体探讨,集体创作;科研兴园,创建一流"的发展思路。使教师在课题研究的过程中体验"团队意识""学习与研究共同体"的意义和价值。

(二)十五年的"科研兴园"之路带来的收获

自"九五"至"十三五"期间,幼儿园走"科研兴园"之路,形成了一系列的研究成果,促进了幼儿园的全方位发展。

1.产生了一种氛围,即反思、探索、总结、提高,积极参与教改实践的氛围;主动自觉参与课题研究的氛围。

2.形成了一种意识,即教育科研工作是教育教学工作的一个重要组成部分,善反思、不间断地进行教科研活动是教师必须履行的职责,是提高自身教学水平的关键。

3.倡导一种精神,其中包括有合作奉献的团队精神。

4.培养了一批教师,即一批善于反思,具有一定的科研水平和能力的科研骨干力量;提高了广大教师的综合素质、研究水平和能力。实现了教师的转型,促进了教师的自主发展和专业发展。

(1)园长被评为"浙江省特级教师"。

(2)两任教科室主任皆荣获"浙江省教育科研先进个人"称号。

(3)市级以上教坛新秀及优秀教师占当时专任教师的60%。

(4)一批骨干教师先后在杭州市各幼儿园担任园长、副园长、保教主任等职。

5.有力地推动了幼儿园的整体改革与发展。创建了具有本地特色的、以利于幼儿全面发展的宽松开放的一流环境;系列研究课题成果在省、市获奖,推动了幼儿园的教改进程。

(1)促进幼儿身心和谐,健康成长——保教质量实现跨越式提升。通过儿童的全面发展,研究确立培养目标;通过儿童的身心发展规律和学习的特点,探索教育策略,等等。我园毕业的孩子进入小学后均得到认可。

（2）在研究中形成特色，创建了品牌。

管理特色：科研促教学，环境促发展。

研究管理特色：教科一体化，教研课题化。

园本研训模式：教、科、研、训一体化。

教学特色：解放与发展幼儿的创造力。

教育理念：有智慧地关爱每一个孩子，让每一个孩子有智慧地成长。

校园文化：扬起爱的风帆，奏响爱的旋律。

幼儿园在全体教师共同营造的科研氛围中，全面实施素质教育，推进教育改革，结出了累累硕果，提升了幼儿园的品牌。同时，教师在幼儿园整体的快速发展中为自己赢得了尊严和地位，在体验成就感中获得了幸福。

第四节　在德艺双馨中体验幸福

如果幼儿教师能够做到德艺双馨，那么在从事教育时就会得心应手，就会身心愉悦。同时会获得社会的认可与赞誉，赢得孩子的喜爱以及家长的青睐。

一、做德行高尚之人

（一）幼儿教师的职业特点

1. 自主性

教育，尤其幼儿教育，是非常柔性的工作，其特点是效益滞后。我们经常说：幼儿教育是良心活儿。自主性是教师职业的基本特点，需要教师主动学习、主动创新、主动研究、主动反馈、主动沟通、主动关切。

2. 协作性（不推诿，不拖后腿，不搞内讧）

一个人的成长是多方面配合的结果。教师的职业是一项协作性很强的工作。教师要能够做到：面对冲突能够接纳与豁达；排除自私、自我、自大。

只顾自己的人缺乏团队精神，不但难有成就，也不会快乐。协作性要在生活与工作中养成。我们讲"同心协力"，组织的团队精神要求我们求同存异，同舟共济，不推诿、不拖后腿。

有一位老师在师德宣讲中是这样开场的："非常感谢领导和同事们给我这个机会，让我在这个讲台上与大家交流自己的工作心得。我这个人最大的优点就是'偷学成师'，所以，这些心得也是我们机关幼儿园全体老师共同的智慧。"真诚、谦虚、推出团队，这体现了演讲者的姿态。这样不但没有降低自己，反而使自己的境界提升了。这样一开场就把自己及团队推向了"双赢"。

3. 创造性（思考力）

什么事情都要用心去想，这就是"思考力"。员工应该自己动脑子去思考，寻找问题点并想出解决的策略。思考力还有一种特质就是"创新性"，要教育好每一个孩子，就一定要创造性地开展工作。创造性也是教育工作的特点。

（二）幼儿教师职业活动内在的道德准则

1. 忠诚

忠诚于党的教育事业，忠实于服务对象，关爱每一个学生。

2. 审慎

对于幼儿教师来说，要不断学习，提高自身的专业水平，不但要有爱学生的心，还要有爱学生的能，要德才兼备。

3. 勤勉

要投入，集中精力做好事情，不能分心，不能偷懒，不能三心二意。人们经常误解，以为多付出体力甚至经常加班才算勤勉，其实勤勉更重要的表现应该是自觉自愿、忠诚敬业以及提高生产劳动效率。

（三）幼儿教师职业道德

以下内容是对《中小学教师职业道德规范》的解读，它同样适用于幼儿教师。

1. "爱国守法"——教师职业的基本要求

热爱祖国是每个公民，也是每个教师的神圣职责和义务。建设社会主义法治国家是我国现代化建设的重要目标，需要每个社会成员知法守法，用法律来规范自己的行为。

2. "爱岗敬业"——教师职业的本质要求

没有责任就办不好教育，没有感情就做不好教育工作。教师应始终牢记自己的神圣职责，志存高远，把个人的成长进步同社会主义伟大事业、同祖国的繁荣富强紧密联系在一起，并在深刻的社会变革和丰富的教育实践中履行自己的光荣职责。

3. "关爱学生"——师德的灵魂

亲其师，信其道。没有爱，就没有教育。教师必须关心爱护全体学生，尊重学生的人格，平等公正地对待学生；严慈相济，做学生的良师益友；保护学生的安全，关心学生的健康，维护学生的权益。

4. "教书育人"——教师的天职

教师必须遵循教育规律，实施素质教育；循循善诱，诲人不倦，因材施教；培养学生良好品行，激发学生创新精神，促进学生全面发展；不以分数作为评价学生的唯一标准。

5. "为人师表"——教师职业的内在要求

教师要坚守高尚的情操，知荣明耻，严于律己，以身作则，在各个方面率先垂范，做学生的榜样，以自己的人格魅力和学识魅力教育影响学生；关心集体，团结协作，尊重同事，尊重家长；作风正派，廉洁奉公；自觉抵制有偿家教，不利用职务之便谋取私利。

6. "终身学习"——教师专业发展不竭的动力

终身学习是时代发展的要求，也是由教师的职业特点决定的。教师必须树立终身学习的理念，拓宽知识视野，更新知识结构。潜心钻研业务，勇于探索创新，不断提高专业素养和教育教学水平。

有一位专家说过："知识很容易就学会了，但能力是练出来的，人的境界、人的格局、人的胸怀是修出来的。"

学——不断学习，丰富自己的知识体系，提升专业水平。

练——一定要实践和应用。

修——要在练的基础上不断体悟。

当我们将职业从一种谋生的手段上升为自己的事业时，我们的职业情感、职业道德、职业情怀也会经历"从学到练、到修"的过程。

二、践行工匠精神

李克强总理在 2016 年的政府工作报告中指出，要"培育精益求精的工匠精神"。引发了社会上的诸多关注与思考。"工匠精神"是一种对工作精益求精、追求完美与极致的精神理念与工作伦理品质，它包含了严谨的工作态度、专注的意志品质、善于创新的精神等。其核心可以用三个关键词概括：一丝不苟、精益求精、一以贯之。

幼儿教师也需要工匠精神。幼儿教师的工匠精神不单单体现在专业技能上，更重要的是在教育的实践中创造出新的"教育文化"：将教育作为终身事业，专注、执着于教育教学。

（一）求真务实，"做"出一身"真功夫"

陶行知先生有言："千教万教教人求真，千学万学学做真人。""行是知之始，知是行之成。"教育是一门科学，需要我们以实事求是的态度、务实肯干的行动来追求教育的真理。

1. "做"的特殊定义

"做"对于教师而言具有特殊的定义，教师的"做"是在劳力的基础上劳心的"做"。单纯的劳力只是蛮干，不能算"做"；单纯的劳心只是空想，没有行动，也不能算"做"。教师的"做"是手脑并用的"做"，既要有思考力、学习力，又要有行动力、实践能力。

2. 求真——做真人，育真人

求真是教师的行动指南，同时也是教育追求的永恒目标。

（1）追求真理，持之以恒。美国著名心理学家威廉·詹姆斯曾说："生活中的成功并非取决于我们与别人相比做得如何，而是取决于我们所做的与我们能够做的相比如何。一个成功的人总是与自己竞赛，不断创造新的自我记录，不断改善与提高。"幼儿教师要不断探求幼儿教育规律，深入学习、研究、实践，追求教育的真理。

（2）创造创新，奋斗不止。陶行知先生说："敢探未发明的心理，即是创造精神；敢入未开化的边疆，即是开辟精神。"教师的创造与开辟精神是幸福的源泉。

3. 务实——实事求是

（1）做一个真实的人。为人处世坚持公平公正，光明磊落，诚信为本，实事求是，言行一致，绝不说一套做一套。

（2）做一个把握规律，干实事的人。在工作的过程中牢记以下两点：一是说实话，办实事。二是尊重规律，按照事物的规律办事，不浮躁，不急功近利；不断探寻教育规律，尊重教师发展的规律，尊重幼儿年龄特点的规律。

（3）踏实而不虚夸，形成踏实干事的作风。

（4）公平公正，把握原则。原则是底线，不被蝇头小利所诱惑而放弃原则。

（二）勇挑重担，敢于挑战，"炼"出一身"硬功夫"

我想用自己的幼教生涯来阐明这一观点。

1982年我从幼师毕业来到杭州市淳安县机关幼儿园，是当时幼儿园唯一的青年教师。由于幼儿园在文革期间曾停办，恢复才4年，老师都是20世纪60年代幼师毕业的老教师。我来到幼儿园以后，老教师们很高兴，"六一"儿童节再也不用担心排节目了。那时，每年"六一"儿童节县里都要举办幼儿"文艺汇演"评比，除了日常带班，我还负责好几个节目的排练，但我毫无怨言，每次都以精益求精的态度认真对待，取得了很好的成绩。刚接任小小班的班主任，虽然缺乏经验，但我虚心学习，把学校所学的理论与实践相结合，认真制作教具、认真备课。我把每一天的教学活动都当成公开课一样对待，我的备课本还被园长当作范本向其他教师展示。幼儿园大型活动的主持、策划，我都积极主动地承担起来，并尽量做到完美。后来主持、策划就变成了我的"专利"。当时常有省、市教育局的行政业务领导下基层调研，我们幼儿园当时是全县的示范性幼儿园，经常承担公开课、示范课，而每次我都是公开课的执教者。

由于我勇挑重担、敢于挑战创新，我的业务水平与能力获得了快速提高，得到了教育行政与业务部门、社会、家长的极大肯定。每带一届新生，都有家长慕名要把孩子放到我的班里。由于成绩突出，1987年，只有5年教龄的我就被浙江省教育委员会、浙江省卫生厅、浙江省总工会、浙江省妇女联合会联合授予"省先进托幼工作者"称号。后来，每年都有年轻教师分配到我们幼儿园，我的工作作风和不计个人得失、勇挑重担的行为也成了年轻教师的榜样。记得与我配班的老师休产假期间，幼儿园请不到代课老师，我一个人承担了全部的班级工作。即便这样，我也没有放松对教育教学改革的研究，率先在班里进行当时最前沿的"主题教育研究""幼儿创造力培养研究"等。

1996年，我担任幼儿园业务副园长，1997年接任园长，引领着幼儿园开始了"科研兴园"之路。尽管担任园长期间事务工作繁重,但我从没有离开过一线的教育教学工作。为了鼓励教师们参加高等教育自学考试,我带头参加,先后拿到专科、本科学历证书,还参加了心理咨询师的课程学习,获得"国家二级心理咨询师"职业资格证书。

在做事的过程中,我从来没有想过要获得什么荣誉,只是以坚定的教育信念,执着于自己的教育梦想,砥砺前行并乐在其中。由于成绩突出,"省优秀教师""省事业家庭兼顾先进女教工""省特级教师"等荣誉接踵而至。我明白了什么叫"水到渠成"。

我想说,硬功夫不是天上掉下来的馅饼,而是"炼"出来的。主体价值实现的满足才是真幸福。

(三)一切归零,放下姿态"学功夫"

人生是一个不断学习的过程,即使已经参加工作,也应该拿出一定的时间提高自己;即使你事业有成,已经成为行业顶尖人才,也要放下姿态,虚心学习,不断完善自己。成长永无止境,学习也永无止境,在此列举几例。

曾经有人问孙中山先生在革命之外还有没有别的嗜好,他说:"我一生的嗜好,除了革命之外,只有好读书,我一天不读书就不能够生活。"

伟大领袖毛主席无论在何时何处,都离不开看书学习。在中南海故居里,他的卧室的书架上、办公桌上、饭桌上、茶几上到处都是书,甚至床上除了躺卧位置外,也都被书占领,简直就是书天书地。他日理万机,照样挤出时间看书;在游泳之前活动身体时、游泳上岸歇息的几分钟,他都会捧起书来;外出开会或视察工作,行李中一定少不了一箱子书;晚年虽然重病缠身,仍然不废阅读。

再看身边的例子:我参加高等教育自学考试的时候,看到浙江省特级教师朱静怡老师的名字出现在"高等教育自学考试优秀毕业生"的名单中。我的敬佩之心油然而生。朱老师已经50多岁，是赫赫有名的特级教师，但依然在不断为自己充电。我也在接近50岁的时候利用暑期，走进浙江大学学习心理咨询师课程，是当时培训班里年龄最大的学生，并获得了"国家二级心理咨询师"职业资格证书。

（四）注重细节，精益求精"精功夫"

教师在教育教学的过程中要善于发现细节，很多时候教育的契机就隐藏在细节中，忽略了细节，或许会失去宝贵的教育契机。

美术活动中的一段插曲

美术课上，我指导孩子们画向日葵。我特意准备了一束插在花瓶中的花，以便孩子们观察。

根据活动目标，我的工作重点是观察孩子们对物体形态、构图能力的掌握情况。以往的绘画活动中孩子们也常常画各种花束，可这天的内容有所不同，我指导孩子们学习了一种新的绘画技能——学习画侧面的向日葵。我布置完任务，孩子们迫不及待地开始尝试，我也满心期待孩子们能创作出独特的作品。

我走到第四组的时候，几个孩子已经完成了构图，开始涂颜色，画中的向日葵大朵大朵的，勾线和造型都很不错。几个孩子把侧面开放的花朵表现得很形象。我忍不住赞扬："哇，你们的向日葵可真好看呀！"

这时，我看到一旁的越越正在默默地构图。画面中的几朵向日葵看上去小小的，只有零落的几片花瓣。花瓣的形状也是扁扁的，和别的孩子所描绘的盛开的向日葵比较起来显得很特别。我忍不住指着越越画中的向日葵说："咦，越越，你的向日葵看起来很特别哦！"

旁边几个孩子凑过来，七嘴八舌地讨论起来。乐乐说："老师，越越不会画侧面的向日葵。"越越抿抿嘴，说："谁说的？是我不想那样画。"我便问：

"需要我帮助吗？"越越看了看我，停下了手中的画笔，没有吭声。

我心想，或许是孩子们的笑声让越越难堪了，便为越越解围："每一朵向日葵都是独一无二的，越越有他自己的表现方式，我们要学会欣赏。"我又对越越说："越越，画侧面开放的向日葵时你可以先画花盘，再从花盘的后面往前面画花瓣。"我一边说，一边握着越越的手在花盘中又添画了几笔花瓣，对他说："看，可以这样。"

越越突然很失望地抬头看着我，生气地说："老师你弄错了，我画的是快凋谢的花，它的花瓣快掉光了，所以才这么少。"

顺着他的手指，我才发现，原来在花朵的下方，他还画了落在地上和半空中的花瓣，画面是那么真实和生动。每一朵向日葵都有自己的生命，他画中的向日葵虽然不及其他孩子的有朝气，却把花朵濒临凋谢的生命特征表现得淋漓尽致。

我们常说：要给孩子自主的空间，要多倾听孩子的想法。可事实上，要把这些口号转化为行动并不容易。在教学的活动中，我虽扮演了传播者的角色，但忽略了引导者和倾听者的身份，一不小心便忽视了孩子的自主愿望。

【点评：该案例中的教师，先是细心地发现越越在画向日葵时的与众不同；接着小心地肯定了孩子的与众不同，保护了孩子的自尊心，又试图帮助他掌握画侧面向日葵的方法，后来又发现了孩子的不同想法，对自己"自以为是"的解读进行了反思。从整个过程可以看出这位教师具有细节思维，工作中精益求精。】

（本案例作者：杭州市兰苑幼儿园吴婷；点评者：余胜兰）

教师在追求专业水平与能力提升的道路上要有细节思维，精益求精，这是核心竞争力的所在。

 **本章小结**

"教学"和"研究"是教师日常工作的两条腿,既齐头并进,又交互前行。教师的职业幸福感建立在对教育工作的兴趣与激情的基础上,而只有坚持研究,对教育工作才能保持持久的兴趣和激情。

有兴趣才有激情,有激情才会不忘初心,执着前行。既有积极的态度,又有干事的能力,才能做好事情。有所作为才会有自信,有自信才会勇往直前。有能力才能得心应手;有毅力才会坚持不懈。如此种种,在职业生涯中是一环扣一环的,这些都是影响职业幸福感的重要因素。

只有真正喜欢这份工作并具备做好工作的能力,工作才是快乐的。仅仅为谋生而工作并不快乐,缺乏做好工作的能力也不会快乐。对于教师而言,爱上教育工作,在教书育人中不断创造惊喜,是幸福感的一个重要来源。

读完这章,你是否对自己的职业规划、职业情感、职业态度、职业行为有新的思考与调整呢?

【本章参考文献】

[1] Carr A. 积极心理学:关于人类幸福和力量的科学[M]. 郑雪,等译校. 北京:中国轻工业出版社,2008.

[2] 教育部教师工作司. 幼儿园教师专业标准(试行)解读[M]. 北京:北京师范大学出版社,2013.

[3] 金美福. 教师自主发展论[M]. 北京:教育科学出版社,2005.

[4] 苏霍姆林斯基. 给教师的建议[M]. 杜殿坤,编译. 北京:教育科学出版社,2013.

[5] 周国平. 愿生命从容[M]. 北京:北京十月文艺出版社,2015.

[6] 周洪宇. 陶行知生活教育导读[M]. 福州:福建教育出版社,2013.

第四章 在生活中培养追求和享受幸福的能力

 **本章导读**

懂得品味当下生活的美好，才能获得更多幸福。本章主要阐述了在生活中培养幸福能力的方法。第一节围绕家是幸福的港湾，阐述了精心打理家庭生活是获取幸福的重要途径与来源。第二节阐明要做一个与时俱进的人，培养生活情趣。与时俱进学习生活技艺是热爱生活的表现，掌握现代生活技艺能享受现代生活的便捷，感受幸福；而创意生活则能不断丰富人生。第三节讲以适合自己的方式修身养性，分别从享受阅读的快乐、挖掘艺术潜能、运动带来活力、宁静致远的能力几方面阐述在生活中追求幸福的方法。第四节讲怎样融入社会获得更好的社会支持、如何在自然中愉悦身心，体验幸福。

幸福的感觉来自平凡生活中的每一份感动与对美好事物的追求。人生处处蕴含着幸福的因子，只要激活它，就能获得幸福。

第一节 精心打理家庭生活，享受家的温馨

除了享受工作带来的职业幸福以外，还有来自家庭的幸福。爱情、亲情、家庭的融洽等是人生不可或缺的，没有这方面的快乐与幸福，人生就是残缺的，也谈不上真正的幸福。

温馨的家需要每一个成员精心打造，下面我基于个人的感悟来谈谈如何

打理家庭生活。

一、懂点厨艺，享受家庭美食

俗话说，民以食为天。说明饮食在人们生活中的重要性。无论男人还是女人，都应该懂点厨艺。如果做的食物很难吃，家庭生活的情趣会大打折扣。或许有人要说，现代社会分工越来越细了，家庭的事务工作完全可以请"保姆"来完成，何必自己亲自动手呢？我认为自己动手做的美食凝聚着爱的情感，具有不一样的意义。

我女儿上的高中是住宿制，全封闭管理模式。很多家长都会给孩子送餐，原因是孩子吃不惯学校的伙食。我平时工作很忙，而且女儿已经习惯了我们三个人各忙各的，自理能力特别强，对于学校的大锅饭也不挑剔。我同事的孩子跟我女儿同一个班，高考之前的两周，她说："余老师，现在家长都给孩子送餐，你不给女儿送啊？"我征求女儿的意见，她说："学校的饭菜我不挑剔，其实家长也就是送一份心意吧。看你有没有时间，没有时间就不必勉强。"既然是送一份心意，那就应该有妈妈的爱在里面，于是，那两周我每天给女儿送饭菜，并陪她一起用餐，交流感情与思想，这些饭菜都是我亲手做的。女儿特别感动，每天用餐的时候跟我都有说不完的话。

我身边有很多从事幼教的同事或朋友，她们中很多人在幼教领域做得很出色，同样把家庭也打理得很出色。其实，懂点厨艺也是一种情调，是享受生活的一种方式。全家人其乐融融地吃着你做的美食，绽放出幸福的笑容时，你是否感受到自己的价值与成就？所以，多少懂点厨艺，不在于手艺好坏，而在于从中体会日常生活的情趣。

二、艺术收纳，享受家的舒适

家是否舒适，与一个人的生活质量有很大的关系。不一定要大房子才舒适，小空间也可以通过巧妙地艺术收纳，营造出一种别具一格的舒适。我初来杭州的时候，租住的房子很小，但很温馨，便得益于艺术的收纳。当时，我们家的厨房不到10平方米，可厨房该有的用具、餐具一应俱全，我们充分利用每一寸空间。先生和我都很好客，家里经常会有亲戚朋友们小聚，每一次大家都会说：一看你们家厨房就特别有食欲。

收纳既是一门艺术，也是一种态度。说它是艺术，是因为它需要一定的经验、技巧与审美的情趣和能力，比如，我家阳台的小绿洲。

我家装修的时候，巧妙地利用阳台原本放设备的一角砌了一个小鱼池。先生用过年回老家搬来的石头搭了一个小巧玲珑的假山，石头上还带着家乡的泥土。第二年春天，假山上长满了"老家带来的野花野草"。我们又增添了绿萝等植物，在小鱼池里放养了小锦鲤、小乌龟。每天早晨我锻炼回来，都会去喂喂鱼，欣赏小鱼小龟的欢游抢食；先生则最爱坐在阳台小圆桌旁的藤椅上，面对"小绿洲"，泡上一杯绿茶，慢慢品饮；女儿在家看书写作疲劳了，就会在小鱼池边赏鱼、赏花歇息。每次家庭小聚，这块绿洲也成了孩子们的最爱，他们围着小鱼池戏水，舍不得离开。

如果把收纳的过程当作艺术创作的过程来欣赏，那么收纳本身就具有了内在的意义。我们生活在井然有序、整洁、舒适、有美感的环境中，自然便能体会到家的温馨的感觉。

三、营造和谐家风，享受美满家庭生活

在营造和谐的家风中，离不开打造积极和谐的家庭关系，在第二章第六节"营造和谐的家庭氛围"中已有所阐述，这里仅就以"爱"为纽带，享受亲情、爱情的温馨与甜蜜做如下补充。

（一）敬老爱幼，感恩家人，享受家的和谐

美满和谐的家庭是人生幸福的港湾，美满和谐的家庭需要家庭成员共同

来营造。我们应该做哪些方面的努力呢？

1. 无条件的爱是幸福的源泉

无条件的爱是幸福的源泉。在家庭中长辈对小辈的爱；小辈对长辈的敬重与孝顺；兄弟姐妹之间的相互扶持与帮助；夫妻之间的恩爱与相依，都是没有附加条件的。家庭中无条件的爱带来的力量是无穷的，生活在这样的家庭中，每个人都可以追求自己的意义与快乐。

我参加心理咨询师培训的时候，北京师范大学的一位心理学教授跟我们分享了一段顺口溜："婴儿不离身，幼儿不离手，少年不离眼，青年不离心，中年不离口（嘴），老年不离伴。"婴儿时期需要父母多一些肌肤的接触，多抱抱孩子，让孩子感受到成人给予的安全感；幼儿时期最容易出现意外伤害事故，需要成人时刻关注（不离手）；少年时期既追求独立，又还是懵懂的年纪，需要经常悄悄关注他们的举动；青年处于青春叛逆期，需要理解并用心交流；人到中年最喜欢怀旧，喜欢与人分享自己的生活和感受，讲述自己的故事，这个时候满足他们说的需求是最关键的；老年人最怕孤独，需要伴侣的相依、子女的陪伴。

听妈妈讲故事

冬日的晌午，和煦的阳光暖暖地、柔柔地照在身上。公园的长椅上坐着一对母女。女儿蓝正在听妈妈讲她前半生的人生经历……

每个周末蓝都要领妈妈到这儿来，陪妈妈说说话，散散步。妈妈快八十岁了，身体不太好，脑子时常出现幻觉，生活不能自理。医生说，要药物与心理治疗相结合，多给老人一些体贴、一些关怀，病会康复得快些。

妈妈为了这个家吃了太多的苦，蓝每每想到妈妈这一生为家庭做出的贡献就会心疼。

蓝喜欢陪妈妈，爱听妈妈的人生故事……

倘若女儿没有对妈妈浓浓的爱，就很难做到陪伴与倾听。有了这份陪伴，妈妈享受到老有所依的幸福；同时女儿也获得尽一分孝心之后的幸福。

2. 会感恩，并在适当的时候表达出来

家庭中的每一个成员都是独立的个体，没有谁必须为谁付出，要善于感受家人对自己的关爱与照顾，感恩家人为你做的每一件小事——一杯热茶、一份挂念都蕴含着爱的因子，不要视而不见，也不要不以为然，更不要认为理所应当，一定要在适合的时机表达你的在乎、你的感动与感恩，同时也要有爱的回馈。

我的童年，爱的记忆

我妈妈是一个粗线条的人，但我总能够感受到她对我们无条件的爱。比如，冬天晚上睡觉，妈妈会把我冰冷的脚焐在她的怀里，妈妈的爱暖暖地从脚底传到我的心窝。暑假里我和姐姐去砍柴，妈妈会利用生产队午休时间顶着烈日去接我们，奶奶则在家里烧好热腾腾的饭菜，等着我们回家吃。爸爸在外教书，一个月才能回一次家，来回一次要走50多里路。妈妈每次都会在爸爸回家之前准备好爸爸的换洗鞋袜，洗好茶杯，备好开水。每次爸爸回家，一定是先进奶奶房间喊一声："妈，我回来了！"而我们总是帮爸爸放包，递水给爸爸喝。爸爸则会从包里拿出糖、饼等小零食给我们兄弟姐妹。虽然那时生活比较艰苦，但家里充满爱，感觉特别幸福。

（二）夫妻恩爱，享受爱情的甜蜜

爱情是甜蜜的，持久而和谐的婚姻是幸福的。有人说："婚姻是爱情的坟墓。"我不这么认为。持这种观点的人把爱情局限于热恋的激情，而婚姻是不可能永远处于热恋状态的。爱情是一个宽泛意义上的概念，是两性之间的两情相悦。从这个意义上说，热恋是爱情，婚姻的和谐也是爱情。只不过这两种感觉的倾向不同，热恋时的爱情更多的是异性相吸的激情；而婚姻中的爱情更多的是亲人之间的依恋。在这样的婚姻生活中，你中有我，我中有你，夫妻紧密相连。

"在婚姻关系与幸福的关联中，已婚的人比离异、未婚和分居的人更幸福。而最不幸福的是处在不幸婚姻中的人。"[①] 相关研究还表明，幸福的人更容易建立起幸福的婚姻，反过来，幸福的婚姻又能增进人的幸福指数。

持久和谐的婚姻生活既不是处在天堂，也不是处在地狱，而是存在于人间。既然是人间，就离不开柴米油盐酱醋茶的琐碎，再美满的婚姻也是恩爱与争吵交替的，关键在于我们的心态与处理方式。在婚姻中能够充分交流、相互尊重、宽容谅解，这种良性的沟通可以使婚姻关系稳固而和谐。

要想获得持久和谐的婚姻，我们要把握这样几个原则：

1. 不要企图改变对方

同质性格的人在一起可以获得幸福的婚姻，互补的性格在一起也可以获得幸福的婚姻。关键是要相互尊重、宽容体谅。比如，一个人性子急，另一个人性子慢；一个人随意，另一个人追求完美；一个人细心，另一个人粗心，等等。争吵的大部分原因往往源于企图改变对方，而事实上这是不可能的。承认差异，并在此基础上调整自己的心态，许多不必要的争吵自然就会平息。这就是我们说的"相互磨合"。

2. 不要非争出个是非曲直

有人说：家不是讲理的地方，家是讲和谐的地方。夫妻吵架时没有一方是胜利者，结局不是握手言和，就是两败俱伤。婚姻生活有时候需要有点"迟钝"。

我认识一家人，妻子总是企图改变丈夫的行为模式、生活习惯，凡事又总爱争个输赢。丈夫出差高高兴兴地给妻子买来漂亮的衣服，回到家却被妻

[①] Carr A. 积极心理学：关于人类幸福和力量的科学 [M]. 郑雪, 等译校. 北京：中国轻工业出版社, 2008：19.

子数落一顿，什么浪费钱、一点都不会精打细算……搞得丈夫心情很糟糕；丈夫喜欢钓鱼，她也要数落一番。为一件简单的小事，两个人会互不相让，把家里的桌子都掀翻……妻子还有意无意地总是说，家里的大小事都是她的功劳。

这就违背了婚姻和谐的原则。

3. 要相敬如宾

夫妻要像对待宾客一样相互尊敬，相敬如宾是关怀与体贴的体现，夫妻之间最重要的是相互扶持。要做到相敬如宾，需做到四个方面：一是要相互尊重，尊重对方的观点；二是要信任，相信对方对自己的爱；三是要包容，遇到分歧要包容；四是要体贴，一个拥抱、一句温馨的话语都能表达体贴之意。

4. 要多赞美少指责

赞美可以促使好的行为继续发生，真心赞美爱人，不仅会让对方感到幸福，而且会让对方更有动力去奋斗；而指责则容易使人产生逆反心理——反正怎么做对方都不会满意，干脆就不做了或者反其道而行之。同样一件事情，要善于发现闪光点，找到赞美点，尽量委婉表达自己的更高的要求与愿望。比如，当你下班回到家里，丈夫已经烧好了饭菜等你享用时，你首先要表达赞美与感激之情："哇，我真有口福，好幸福哦！"而不是指责这个菜没有烧好，那个菜太咸。再如，丈夫好不容易帮你洗一次碗，你要表达赞美之意："你的体贴让我感到好幸福哦！"而不是指责："嫁给你真是倒了八辈子霉，连个碗都洗不干净。"

下面这段文字源于我们的生活，看似平凡，却可以带给我们一些启发。

镜 头 一

初冬的早晨，蓝到鞋柜里去翻找皮靴，一时没找着。

丈夫提示她："皮靴呀，在阳台下面的鞋架上放着。"

蓝走到阳台前鞋架上取鞋，发现皮靴已上过油，光亮亮的。蓝记得左靴的一个扣子坏了，还没修理，可她拿起左靴一看，新扣子，亮闪闪的，右靴子上也换了一样的。

没等她问，丈夫便告诉她，上周天突然冷起来，他把皮靴拿出来打油时发现扣子坏了，就拿到街上修理好了。

蓝穿上皮靴，一股暖意在心间流动，她由衷道了声："谢谢老公！"丈夫获得妻子的赞扬，露出幸福的微笑……

镜　头　二

蓝特爱清洁，一般两天洗一次头，都是早晨起床后洗。从夏到秋，从冬到春，从不间断。前些天的寒潮将她家的太阳能热水器冻坏了。那天清晨起来，她正愁没有热水洗头，丈夫却对她说："水烧热了，可以洗了。"

坐在床上穿衣服的她很惊奇。

"是呀，我晓得你要洗头，早就起床烧了水，现在应该可以洗了。"

"好老公！真的谢谢你！"蓝一边夸着他，一边在他的额头亲吻了一下。丈夫立时回应了热烈的拥抱与激情的吻。

谁说爱情只是年轻人的专利？爱情永远属于浪漫而善于感动的夫妻。

镜　头　三

工薪阶层的夫妻俩，虽说经济不宽裕，可蓝穿衣服向来讲究。

一次，她在商业街相中了一件秋装，由于价钱谈不好而没买。

吃晚饭时，蓝不经意地与丈夫说了这件事。她说："这衣服要是再降一二百元我就买下了，那款式、颜色我蛮中意的。"

吃完饭，蓝系起围布，要洗碗，丈夫就拉她出门。蓝问："干什么去？"

"买衣服去呀！"丈夫对妻子说，"把那件你喜欢的衣服买来。"

两人打的赶到那家商店。蓝指给丈夫看，那是一件新款的秋装，白底豹纹黑花，鹰肩稍稍耸起，短款更显中年女人的韵味，正适合蓝这个年龄穿。丈夫问店主："多少钱？"

店主看到蓝,说:"下午与她说过了的,最低价一千元。"

蓝对店主说:"你再降一点嘛。"

店主没有理会蓝,去招呼另外的客人了。

"好,一千,我要了!"丈夫示意店主把那件衣服从衣架上取下来,爽快地摸出十张百元钞票递给了店主,并当场要蓝试穿看看。

蓝从试衣间出来,丈夫从上到下细细地打量一番。

"衣服合身,款式也好,穿上还真显年轻了,"丈夫露出满意的微笑,"这衣服像是给你定制的。"

穿上新衣的蓝挽着丈夫的手散步回家。一对对年轻的恋人从他们身边走过,时不时回头望望他们,蓝依偎在丈夫肩头,如当年在大学校园里那样……

亲情式的爱情也可以是浪漫的,保持年轻而浪漫的情调,你就会永远沉浸在诗意般甜蜜的初恋里……

(三)适当小聚,享受亲情友情的珍贵

亲戚不走不亲,朋友不聚断往来。无论是亲戚还是朋友,都需要适当小聚,小聚可以拉近人与人之间的距离。

小聚不一定非要上高档酒楼茶馆,我更提倡家庭式的聚会。它就像黏合剂一样,把亲情、友谊紧密地黏合在一起。以前我们家在千岛湖县城居住,每到节假日,我和先生都会邀请在县城的亲戚朋友来家过节,让他们感受亲情友情的温暖。来杭州居住以后,我也会主动邀请在杭州的亲友小聚。

平时大家都天南海北,过年是最好的相聚机会。我们家特别重视春节的相聚,我和先生结婚30余年,无论身处何地,春节都会一家三口回老家拜年,给已故的亲人上坟,给健在的长辈拜年。

第二节　好奇好学提升素养，培养生活情趣

这节内容是我个人的经验与行动感悟，不能说具有普遍的意义，但我的确是在生活情趣的提升中感悟到了人生的幸福与快乐。

一、与时俱进学习生活技艺

除了工作上专业精进，还要提升生活的质量，必须让自己有点"潮"。随着岁月的增长，人的生理机能慢慢变老，但是心不能老，一定要善于学习，紧跟时代的步伐。"潮"代表着与时俱进，敢于接受新事物。当今社会发展日新月异，要让自己的生活跟得上时代的脚步，必须不断学习现代生活技能，这是现代人应该具备的素质，也是一种幸福的能力。我认为以下两项技术是现代人应该掌握的。

（一）驾驶技术

现代生活节奏快，驾驶技术很重要。比如，我担任教研员期间经常要到幼儿园指导业务，很多地方的公共交通没有那么方便，会驾驶就随时可以自己驾车前往。一是能够自己支配时间，节约了时间；二是不用经常麻烦别人。现在，因为管理的需要，我经常在几个园区之间跑动，如果不会驾驶，就会浪费很多时间。在当今快节奏的社会，唯有时间是最浪费不起的。

我买车的愿望源于陪母亲看病。母亲得了"帕金森"，行动不方便，每次上医院看病都得专车护送，那时打车还不像现在这么便捷，于是我买了车。有了车的确给全家的生活带来了很多的便利。

（二）互联网信息技术

计算机信息技术发展到今天，网络已经成为我们生活中不可缺少的一部

分，可以说已经成为这个时代的标志。信息技术的发展影响着人们的生活，互联网给我们的生活带来了很大的便利。如果不能与时俱进地学习互联网技术，就不能享受这种便捷。我生活的杭州现在出门几乎不用带现金，一部手机就可以解决问题，需要用钱的地方都可以使用"支付宝"扫码支付。我是一个具有强烈好奇心的人，特别乐意向年轻人学习新技术，每当听到年轻人聊到新的应用软件，我都会积极请教。因为我的"潮"，我跟年轻人也能打成一片。

二、创意生活，丰富创意人生

（一）艺术穿衣，享受美的自信

俗话说，人靠衣装，佛靠金装。服饰在美化一个人的形象中起着重要作用。穿衣要穿出品质，穿出个性与气质。不一定要前卫，也不需要搞怪；不一定要妖艳，也不需要耀眼；不一定要珠光宝气，也不需要世界名牌。

1. 与职业相匹配

量职业裁衣，打造与众不同的职业形象。一般来说，幼儿园教师的职业形象适合走亲和派的服装路线，就是在着装上能够透射亲和力，正统但不过于拘谨与严肃；时尚但不过于暴露与浮夸；简洁大方又不失于温暖与温馨；规范中带有活泼。其一，在颜色上，选用比较温和的白色、米色、裸粉色、淡蓝色等；比较活泼可爱的橙色、红色、黄色、绿色等。其二，款式要便于活动，不容易"走光"，给人以规范中的自由感。其三，善于运用小饰品的搭配。搭配出艺术感，对于孩子们来说就是一种美的熏陶。

2. 与个性风格相吻合

如何穿搭出自己的风格，需要有点艺术鉴赏力。在搭配上花点心思，就算是简单的衣服也能穿出自己的风格和新鲜感来。

（1）颜色搭配技巧。要学一点色彩搭配的基本艺术与技巧，在配色时要注意色彩的整体平衡与色调的和谐。

（2）饰品装点艺术。头饰、围巾、包包、胸针等饰品的装点在服装搭配中起着重要的平衡作用。很多幼儿教师会巧手自制一些小饰品，丝巾的不同系法也可以产生不同的搭配效果。

（3）款式与场合相匹配。服饰要能够与场合的氛围、文化相吻合。有一次，我带一位幼儿教师去参加表彰大会，我们约好了时间在会场见。结果她穿了一件吊带背心上台领奖。回去换衣服已经没有时间了。这是教师节的表彰会而并非电影节、艺术节，这样的着装显然与现场的氛围及文化不相匹配。

穿衣搭配是一门艺术，也是一种对生活品质的追求。搭配得得体，可以让自己更加自信。我刚来杭州那年，只带了三四套换洗衣服来上班，一时没有时间回老家取更多衣服，我就利用这三四套服装搭配出七八套服装的效果，新同事们都说："余老师很会搭配，穿衣很有品位，每套衣服穿出来都给人美的享受。"

（二）带着创意之心，发掘生活中的新奇乐趣

生活中处处有创意，你可以充分发挥想象力与创造力，发掘生活中的新奇乐趣。只要我们拥有创意之心并付诸行动，就会在不断发掘中获得乐趣。

1. 把握今天，快乐一生

（1）今天我就打起精神，让自己的语言与动作呈现出快乐；

（2）今天我就让内心充满快乐的阳光，我要面带微笑；

（3）今天我要为我的家人做一件有意义的事；

（4）今天我要去运动健身；

（5）今天我要做一件有创意的事，哪怕是一个细小的改变；

（6）今天我要试着聆听大自然的声音；

（7）今天我要坚持正向的信念：我的生命充满阳光，希望就在前方。

……

今天本来就是美好的一天，你把握了吗？

2.展现你的潜力与才华

每一个人都有自己的兴趣爱好，也有自己独特的才华与潜能。有些人对音乐感兴趣；有些人对美术感兴趣；有些人对写作感兴趣；有些人对体育感兴趣；有些人对旅游感兴趣……有人说，我没有什么兴趣爱好，其实不然，那只是因为各种原因压抑了你的兴趣而已，比如，有的人为了生计不得不放弃自己的爱好，或者把外在的成功看得太重而放弃了自己的兴趣，等等。

找到一件能够给你带来快乐、满足、积极体验的事，你会感受到幸福。比如，我喜欢唱歌，经常在工作之余哼上一曲，或与朋友一起去歌厅唱唱歌。我喜欢玩乐器，有兴趣的时候会弹上一曲。我喜欢在家的装修上展现出个性，就充分运用我的审美，呈现出个性化的情趣。我感觉插画艺术可以给我的生活带来活力与美的享受，就去参加插画艺术培训班……

第三节　以适合自己的方式修身养性

每个人的个性不同，适合的修身养性的方式也不同，以下仅就我个人的经验谈一点体会。

一、享受阅读的快乐

阅读有两种类型：一种凭兴趣阅读，把阅读当成娱乐与休闲；另一种则是围绕一个中心，获取新知。随着人类历史的不断发展，书籍越来越多。这就给读者带来两方面的困扰：一是，在选择书时容易迷失方向；二是，容易浮躁而不专精。

作为幼儿教师，在培养自己的阅读兴趣时，要从既能在阅读中获得身心的愉悦，又能提升综合素质这两方面考虑，享受获得知识与提升综合素质的成就感。

二、挖掘艺术潜能

艺术不仅提供人们精神上的愉悦与满足，而且会陶冶人的性情。艺术使我们的心灵与美妙的事物之间建立起微妙的关系，产生共鸣。艺术不是"专家"们的专利，每一个人都有追求美的心灵，都有这方面的天赋、好奇心和潜能。

1. 以审美的眼光发现并欣赏生活中的艺术美

艺术与生活密不可分，它贯穿于生活的每一个细节中。其实，我们每天都在不知不觉中从事艺术活动。我们做食物时，追求色、香、味俱全；我们不时拿出手机自拍；我们喜欢游山玩水，以感受美、欣赏美的眼光看待自然风景，除了活动本身带来的快乐，也应该是对美怀有渴望与好奇吧。我们要在墙上挂上"名画"；会不知不觉哼上一首小曲；爱穿美丽的服装自我陶醉……这些都是美的享受。

下面这段文字是我在千岛湖的家里望窗外湖景时的随感：

夜晚，往窗外望去，千岛湖景一览无余。对面温馨岛的灯光，如天上街市；东面千岛湖大桥灯火辉煌，如一条金项链平铺在湖面上。现代的宏伟之美，融入自然的千岛湖风景之中，给人心旷神怡之感。

夜景之美是朦胧的，而黎明时分的湖景是变幻莫测的。

天刚蒙蒙亮，寂静的湖面上升腾起浓浓的雾烟，吞没了远近大小岛屿。云雾变化出的图案，变化之快，变化之多，难以想象。有的如蛟龙出水，有的似万马奔腾，有的好似九天之上的琼楼玉宇……

云雾里的千岛群岛，与远处隐约可见的黛灰色的群山，组成一幅长长的水墨画，那是世界上最大、最美、最壮观的水墨画。

一抹红亮映红了东方湖水，云雾翻滚着往高处升腾，气势磅礴，好似千军万马。远处温馨岛木屋隐在雾霭之中，又似海市蜃楼。

旭日初升，如一团火染红了整个湖面，云雾渐渐消退，露出清晰的群山。

汽艇划破了寂静的湖面，渔舟拉起新一天的湖景帷幕……

哇，千岛湖真美！

当我以审美的眼光眺望千岛湖时，每天都有新的惊奇。

2. 以处处皆艺术的心态生活

生活中艺术无处不在，只要用发现美的眼光、感受美的心灵去对待生活，生活就会无限美好。每天我们都在不知不觉地进行着艺术创作，早晨起床，梳什么发型是艺术创作，穿什么衣服、配什么配饰、搭什么鞋也是艺术创作；读一部文学作品，对作品意境的想象是艺术创作；自制一件小手工、自己动手改衣服等都是艺术创作。

早晨醒来，窗外传来鸟儿的歌唱："啾啾、唧唧、喳喳……"合着春雨"滴滴答答"，这不就是大自然恩赐的轻音乐嘛！这音乐太美妙了，让人心旷神怡！我情不自禁地靠在窗台边，贪婪地欣赏这曲美妙的"轻音乐"……

我们的生活中处处都有美好，享受美是一种能力。

三、运动带来活力

享受生命，最重要的是享受健康。古希腊哲学家伊壁鸠鲁说，快乐就是身体的无痛苦和灵魂的无纷扰。"你有一个健康的身体，一颗宁静的灵魂，你就是快乐的，你就是一个幸福的人。"[1] 运动本身可以给人带来身心的愉悦。

1. 运动使人精神振奋

"短期的锻炼带来积极的情绪状态，长期的锻炼则产生更强的幸福感。"[2]

---

[1] 周国平. 愿生命从容[M]. 北京：北京十月文艺出版社，2015：26.

[2] Carr A. 积极心理学：关于人类幸福和力量的科学[M]. 郑雪，等译校. 北京：中国轻工业出版社，2008：27.

体育运动可以给人带来积极的情绪状态,这是由于锻炼导致大脑产生内啡肽和释放内吗啡。而成年时期有规律的锻炼可以减少抑郁与焦虑,提高工作的准确性和速度,促进身心健康。

我看世界杯[①]

记得那年是 1986 年,在墨西哥举办的第 13 届世界杯是 6 月 29 日开幕的。那天凌晨,我坐在去西安的火车上,从列车的广播里断断续续传来关于世界杯开幕式的新闻。

一到西安,我就发愁到哪去看世界杯。那时我住的宾馆条件差(没有电视机)。第一个晚上,睡到后半夜我就睡不着了,翻来覆去地预想着那场球的结果。正好房间窗子的马路对面有个西瓜摊,西瓜垒得如小山,旁边一台黑白电视机前挤满了人,正在看世界杯,还不断地传来喝彩声与尖叫声。

我便披衣起来,加入了他们。天下球迷是一家,看见我来,摊主拿出一只矮凳子,热情让座。看球的人有拉活的车夫,还有附近摊位的小贩,也有过路的球迷。大家赤着背,看得激动时,会站起身,扬起毛巾,张开嘴,仰天呼喊。中场休息,老板就切西瓜给大家吃。

出差半个多月,我就这样天天后半夜去西瓜摊看世界杯,见证了以马拉多纳为队长的阿根廷队和英格兰队比赛中的"上帝之手"以及连过五人的经典进球。

……

这是一个球迷观看世界杯的体验与回忆,对体育运动的喜爱带来的愉悦感进一步增进了幸福感。

[①] 李士根. 足球的魅力[N]. 今日临安,2014-06-23.

2.运动贵在科学与坚持

运动贵在科学与坚持。最理想的运动方案是每周保证 5 次共 3 小时的运动，每次运动开始要根据项目的需要进行热身，中间环节包括有氧运动，最后要有放松环节。最好设立一个明确的运动目标，为达成目标合理安排运动的时间和地点及运动的项目，对运动方案要跟踪，目标达成时也要对自我进行肯定与奖励。

比如，我每天进行半小时到一小时的快步，每周去瑜伽馆练习瑜伽三至五次。我把步行安排在晨间（上班前），把练习瑜伽的时间安排在每天下班后。形成规律以后，基本上能保证运动计划的完成。

四、宁静致远的能力

1.宁静是丰富的安静

"人生最好的境界是丰富的安静。安静是因为摆脱了外界虚名浮利的诱惑。丰富，是因为拥有了内在精神世界的宝藏。"[①]这里的宁静指做自己生活的主人，不受外界"浮躁"的干扰，对自己所做的事的"定力"不是简单修炼能够达成的。简单的、没有实质内涵的"修炼"是无法让内心真正宁静的。我所说的宁静是丰富的安静，就是知道自己所要的是什么，心无旁骛。

2.宁静的核心是"定力"

宁静的核心是"定力"。"定力"不是简单地修炼出来的，它来自你所做的事情对你的吸引力。从这个意义上说，宁静不是一潭死水，它具有流动性和活力。

3.宁静才能致远

这里所说的"致远"，是指坚守自己的人生信仰，矢志不渝，一路前行。宁静具有丰富的内心精神世界，摆脱的只是与自己的价值观相悖的虚名浮利。

[①] 周国平.愿生命从容[M].北京：北京十月文艺出版社，2015：83.

曾经有人问我:"余老师,为什么人家都是'正副—正副',你为什么'一正'到底。"我明白问话者的意思:我一直在幼儿园一线,从教师到园长,在园长任上多年不变。为什么我没有在从政的道路上继续向前?其实,我是有机会"升官"的,但那不是我的志向。所以我回答他:"人各有志,能够干自己喜欢的事是一件幸福的事。"

宁静致远是一种心态,一种状态,也是一种人生追求,是一种幸福的能力。我曾在微博中写过这样一段话:"过程努力,结果随缘;得之淡然,失之坦然。憧憬美好,才会有激情;适应现实,才是生存之道——享受宁静之惬意!"

第四节 融入社会,让生活丰富多彩

融入社会就是融入人类集体生活和交流当中,获得相应的适合自己的生存和发展之道。

一、适应环境,入乡随俗,随遇而安

不能改变环境的时候,我们可以改变自己。在适应环境方面,我们经常会用到两个词:"入乡随俗"和"随遇而安"。何谓入乡随俗?它的意思是到一个地方,就要顺应当地的习俗。随遇而安,指在任何环境中都能顺应环境,在任何境遇下都能满足。入乡随俗、随遇而安往往连在一起使用。

第一,要适应物质环境。要充分分析环境带给你的机遇与优势,分析环境中潜在的危机与困难。第二,要适应心理环境。要善于调整态度,学会承受,战胜自我,超越自我。第三,要适应文化环境。善于包容与接纳,适应所处环境的文化。

改变自己的智慧在于内方外圆,严以律己,改变能改变的,适应不能改变的,专心做事,有备无患。我很赞同这样的观点:做人如水,柔而谦和,

顺势而为；做事如山……如果总是把改变境遇的希望寄托于改变环境上，那么人生不但徒劳无益，也不能获得幸福。

二、遵守社会规则，获得社会支持

生活在社会中的人离不开人与人之间的交往，离不开社会的支持。无论在何种情境下，社会支持都能为我们提供动力，指引方向，帮助我们实现各种目标。要想获得更多的社会支持，可以从以下几方面努力：

（一）学会做人

人活在世上，第一重要的是学会"做人"。要懂得自尊、自爱，让自己活得坦荡又充实。

1. 做人要讲道德

道德是处理人与人之间、人与社会、人与自然之间各种关系的一种特殊的行为规范。所谓"立德树人"，做人首要是要立德。德是根本，德是核心，有德的人才能立足于社会，才能获得更多的社会支持。

2. 做人要懂责任

一个人活在世上，除了要考虑自己的利益，也要考虑社会与别人的利益。对社会负责，对他人负责，对自己负责，才能算是有责任的人。

不小心击碎窗玻璃的小男孩

1920年的一天，一位12岁的美国小男孩正与他的伙伴们踢足球，一不小心，足球踢到了邻近一户人家的窗户上，一块窗玻璃被击碎了。

一位老人立即从屋里跑出来，怒气冲冲地责问是谁干的。伙伴们纷纷逃跑，小男孩却走到老人跟前，低着头向老人认错，并请求老人原谅。但老人却十分固执，小男孩委屈地哭了。最后，老人同意小男孩回家拿钱赔偿。

回到家，闯了祸的小男孩怯生生地将事情的经过告诉了父亲。父亲板着脸一言不发。母亲在一旁为儿子说情，不知过了多久，父亲才冷冰冰地说："家里虽然有钱，但是你闯的祸，就应该由你自己负责。"最后，父亲掏出了钱，他严肃地对小男孩说："这15美元我暂时借给你，不过，你必须想办法还给我。"小男孩从父亲手中接过钱，赔给了老人。

此后，小男孩一边刻苦读书，一边用空闲时间打工挣钱。由于他人小，不能干重活儿，就到餐馆帮别人洗盘子刷碗，有时还捡捡废品。几个月后，他终于挣到了15美元。父亲拍着他的肩膀说："一个能为自己的过失负责的人，将来一定会有出息。"

许多年以后，这个男孩成为美利坚合众国的总统，他就是里根。后来，里根在回忆往事时深有感触地说："那一次闯祸使我懂得了做人的责任。"

（本案例来自网络）

3. 做人要讲智慧

"人生的智慧在于对进退之把控。该进不进事难成，该退不退难成事。""赏人之长，容人之短。""走自己的路，内心恬淡如行云流水。""珍惜已经拥有的并懂得享受，这就是幸福。""哪怕是一线光亮，我也会视为灿烂。"这些都是做人的智慧。一个智慧的人既会赏识他人，也会自我欣赏；一个智慧的人既会坚强地面对生活，也会仁爱而善良，感恩他人；一个智慧的人既能帮助他人，也会照顾自己；一个智慧的人善于调节自己的情绪让自己快乐；一个智慧的人大气而低调。

4. 做人要有梦想

每个人都有梦想，有梦想就有希望。希望是一种正向的信念，这种信念会激励你跨过人生的沟沟坎坎，实现一个又一个梦想。

5. 做人要保持本色

每个人都要在生活中找到自己，保持本色，无论好坏，你都要造一个属于自己的花园；你得在生命的交响乐中，演奏你自己的精彩乐章。

道格拉斯·马罗奇有一首小诗[①]：

如果你不能成为山顶的一棵青松，

就做生长在山谷中的一棵小树，

但须是溪边最好的一小棵。

如果你不能成为一棵大树，就做一丛灌木，

如果你不能成为一丛灌木，就做一株绿草，

让公路也有几分欢喜的颜色。

如果你不能成为一只麝香鹿，就做一条鲈鱼，

但须是湖中最好的一条鱼。

我们不能都做船长，我们得做海员。

世上的事情，多得做不完，

工作有大的，也有小的，

我们该做的工作，就在你手边。

如果你不能做一条公路，就做一条小径。

如果你不能做太阳，就做一颗星星。

不能凭大小来断定你的输赢，

不论做什么都要做最好的一名。

（二）恪守人际交往的原则

（1）平等原则。在人际交往中，应该本着人格平等的原则。如果一方高高在上，或者一方受制于另一方，那就无法建立起高质量的人际关系。

（2）真诚原则。真诚是打开人与人之间心灵的金钥匙，真诚可以使人有安全感，减少自我防卫心理。真诚是获得信任的基础，真诚可以让人与人之

[①] 卡耐基.人性的弱点·人性的优点[M].孔维莎，吕云龙，李小丽，编译.北京：北京出版社，2007：244.

间的关系变得亲密。

（3）主动原则。主动表达善意，可以使人有一种被重视的感觉。主动是热情的表现，热情可以激活人际之间的互动关系。

（4）交互原则。人际交往中善意与恶意都是交互的，善意换来善意，真诚换来真诚，而敌意换来的一定是敌意。所以，与人为善就是与己为善；与人为恶就是与己为恶。

（5）保密。这里所指的保密是指在人际交往中尊重他人的秘密与隐私。朋友基于信任告诉你个人的秘密或隐私，有些人不懂得保密，一转身就把秘密泄露出去了；还有些人特别爱搬弄是非，道听途说的信息未经考证就擅自传播，这是人际交往中的大忌。

（6）利己利人。利人利己强调的是平等互利，既为自己打算，也为对方考虑，本着互惠互利的原则谋求共同利益。从利人利己的观点出发，很容易赢得他人的信任，形成良好的人际关系。

（7）以和为贵。人际交往中要本着"冤家宜解不宜结"的原则，互让互爱，尊重他人，化解冲突与矛盾，化敌为友。

（8）说话不要伤人。说话不伤人既是一种修养，更是与人相处所要遵循的重要原则。有些人以"我就这么直"为借口，说话口无遮拦，不在乎他人的感受，只顾自己先吐为快，却伤害了他人的自尊与感情。在与人相处中，说话要把握分寸，有伤感情的话不要随意说出口。说出去的话就如泼出去的水，等你意识到伤人时，想要收回也不行了。

三、融入自然，吸纳大自然之灵气

人是自然之子，享受大自然的阳光、空气，沐浴大自然的雨露，欣赏大自然的美景，是满足生命本身的需要。"人人都有一双眼睛，但不一定都能感受到美。"审美是一种感受力。对美的感受能力不是天生的，它需要后天的熏陶与培养。

在我的生命里，有一件事令我终生难忘。

那年，我担任园长不久，去杭州参加一个学术沙龙。在我的恩师——时任杭州市教科所研究员的秦赛玉老师的组织下，一些有共同志向的园长相聚在一起，共话事业与人生。那次我们约好时间、地点，我的恩师前一天身体不适，本该在家休养，但她坚持与我们一同前往植物园领略初春大自然的勃勃生机。在草地上，她问："你们看到了什么？感受到了什么？"我们都说，我们看到了这片草地真绿，我们看到了花儿真美！她说："你们再用心感受一下，有什么感觉？我感受到了小草从泥土里钻出来使劲向上生长的生命力，我闻到了泥土的芳香，这就是生命的奇迹……"她接着说："我们在带孩子们春游的时候，是不是总是关注这个植物是什么？它长得怎么样？却很少引导幼儿去感受生命的存在与顽强……"

大自然本身是具有生命力的，它不是刻板的这是什么、那是什么。我们的教育总是把认知能力的培养放在首位，却忽略了对美的感受力的熏陶与培养。

有位幼儿园教师跟我说过这么一个案例：

我们班正在开展"春天真美"的主题活动，周五我给小朋友们布置了任务，周一交一张和爸爸妈妈一起感受春天的照片或者自己画的关于春天的画。其实我是想引导家长在大好的春光中带孩子走进大自然，感受春天的美好。可是，周一的时候，我看到几个奶奶和外婆在幼儿园给小朋友拍照片，只是为了完成老师布置的任务。问家长双休日孩子都做什么了，他们说孩子在上画画兴趣班，还向我展示孩子画的桃花。我看到孩子们在兴趣班临摹的"桃花"没有一点童趣童味，也没有一点生命的灵动。

大好春光，桃花盛开，不让孩子去感受，却让孩子坐在兴趣班的教室里临摹桃花，这让我思考了很久很久……

我有几位朋友，他们的孩子都很优秀，不但学习很好，而且工作以后也事业有成，家庭美满幸福，而且很孝敬父母。我发现他们几个家庭都有一个共同的特点：无论父母工作多忙，都不忘与孩子一起走进大自然，感受大自然的灵动与生命力，吸纳大自然之灵气。

我在淳安县城的住所面朝千岛湖，小区树木葱茏，是个闹中取静、空气清新之地。每次假期我回家小住，悦耳的鸟鸣总是让人沉醉。

清晨，一声声动听的鸟鸣合奏出最美的晨曲，成为清波小区的一道独特风景。有歌喉婉转的黄鹂，有美声唱法的画眉，还有那高音的八哥，远处，有粗犷而深沉的山鹧鸪……合奏出最美的天籁之音……

我被鸟鸣声唤醒，情不自禁地拿出手机，录下这晨曦中的美妙鸟鸣。录了一会儿，我放于枕边听。因为太远，声音不太清晰。

我不甘心，穿上外套，走到窗台边，拉开纱窗，趴在窗台上，屏气凝神，拿出手机，对着鸟鸣的方向，专心致志地录了二十多分钟。

再次打开手机，哇！真美妙啊！那是我听过的最美的音乐，那是千岛湖独特的晨曲。

用心感悟，大自然原来这么美妙绝伦。没有感受力的人怎能具备幸福的能力？而感受力不是"教"会的，它来自心灵深处的领悟。

本章小结

既执着于自己从事的事业并有所作为，在工作中享受职业的幸福；又爱生活，会生活，享受生活中的幸福与美好，才是完整的人生。我不太赞同"一个人只有不顾家庭一心扑在事业上，或者以自己的健康为代价，获得事业上的成就才算是先进人物"。我觉得爱既包括爱国家、爱社会、爱他人、爱事业，也应该包括爱家庭、爱自己。

因为爱家庭，你会精心打理家庭生活，享受家庭生活的美满与幸福。而打理家庭生活是一种能力，是我们所追求的幸福能力的一种。

为什么要提升生活情趣，因为我们爱生活。因为爱生活，所以要提高生活的品质，在享受高品质的生活的同时，体验生活的快乐与幸福。提高生活情趣的方法就是我们追求幸福的方法。

修身养性就是以适合的方式爱自己。爱自己就要自尊、自信，有健康的身心，才能服务社会、服务他人。以适合自己的方式就是有针对性、掌握科学的方法。

人是社会性的，只有融入社会才能获得社会的支持，提升自己的幸福感。要融入社会，就要培养自己的社会适应能力。

总之，幸福是一种能力，我们应在生活中培养幸福的能力，打造幸福的生活。

【本章参考文献】

［1］Carr A. 积极心理学：关于人类幸福和力量的科学［M］. 郑雪，等译校. 北京：中国轻工业出版社，2008.

［2］本-沙哈尔. 幸福的方法［M］. 汪冰，刘俊杰，译. 北京：中信出版社，2013.

［3］卡耐基. 人性的弱点·人性的优点［M］. 孔维莎，吕云龙，李小丽，编译. 北京：北京出版社，2007.

［4］柳博米尔斯基. 幸福有方法［M］. 周芳芳，译. 北京：中信出版社，2014.

［5］周国平. 愿生命从容［M］. 北京：北京十月文艺出版社，2015.

［6］朱光潜. 谈修养［M］. 上海：华东师范大学出版社，2014.

第五章 实践"爱心育人"的职业信仰

 **本章导读**

有信仰的人最富有。生活有了信仰，就有勇气面对一切困难和压力；家庭有了信仰，就能精神相通、理念一致，就会和谐；事业有了信仰，就会有远大的理想并为实现自己的理想而努力奋斗，找到自我的价值。孙中山先生说："信仰就是力量。"人生必定要有信仰，信仰指引着我们的人生航向，支撑着我们克难奋进。

作为职业人要有职业信仰，职业信仰让我们明白自己职业的终极目标和责任并忠于职守、努力践行；职业信仰让我们具备职业的使命感，从而自觉履行劳动的职责和义务。我们在践行职业信仰中找到自身的价值，获得职业幸福感。

任何信仰都不是凭空出现的，从宏观来说，它有深厚的历史背景和清晰的历史脉络；从微观来说，它与个人的文化背景与人生经历紧密相关。职业信仰源自我们对职业价值的理解与认知。幼儿教育是爱的事业，爱的事业一定要有爱的信仰。"爱心育人"是我的职业信仰，在长期的职业生涯中，我一直努力践行着。我深刻地体会到自己的人生价值和意义，享受职业带来的幸福感，也感受到我的事业伙伴以实际行动诠释的幼儿教师的爱。

本章主要分为两部分，第一节对信仰及笔者树立"爱心育人"的职业信仰的经历与实践进行分析与阐释。第二节以案例＋点评的方式，全面诠释幼儿教师"爱心育人"的深刻内涵。

第一节 秉持"爱心育人"的职业信仰

"爱心育人"是我的职业信仰。一个人要有自己的信仰，才会对生活充满期待，充满希望。幼儿教师要建立自己的职业信仰。有了职业信仰，我们就会在职业生涯中有一份坚守，不忘初心，砥砺前行。

一、什么是信仰

（一）信仰的内涵

信仰是什么？信仰是由人的世界观、价值观、人生观和伦理观构成的信念体系，是人的精神追求的最高准则。可以这样来理解：信仰是人类的精神支柱，对国家而言，信仰是一个国家、一个民族赖以生存的精神力量；对于个人来说，信仰是支撑我们克难奋进、勇往直前的动力，也是指引人生的航标灯塔。

也可以这样理解：信仰是人们对某种理论、学说、主义的信服和尊崇。人一旦确立了信仰，就会把它奉为自己的行为准则和行动指南。

（二）信仰与人生的关系

有志向、有理想的人应该拥有正确的信仰。信仰可以坚定我们的信念，指引我们义无反顾、勇往直前；信仰可以给予我们力量，让我们焕发出强大的内驱力，克难攻坚。一个没有信仰的人，是摇摆不定的、没有方向的，也是缺乏内驱力的。

信仰对个人的人生定位和成功起着重要作用。人一旦建立了自己的信仰，就会调动一切力量践行。在实践信仰的过程中，人的内心世界会更加充实，各方面能力会获得提高，从而推动人的发展。信仰能使人感到有所寄托，有所期望，有所依赖。

二、什么是职业信仰

（一）职业信仰的内涵

职业信仰是人在职业活动中对某种理论、学说、主义的信服与尊崇。职业信仰使人明确自己所从事的职业的终极目标与责任，并且为此调动一切力量投入实践，把职业当作事业来做，使职业不仅仅是谋生的手段，更是实现人生内在价值的载体。

（二）正确科学的职业信仰是人生幸福的重要保障

信仰有正信与邪信之分，不同形态的信仰对个体的发展具有不同的作用：在这里我把科学崇高的信仰称为"正信"。"正信"对个体具有导向、激励和凝聚思想的作用；"正信"把我们指向光明与正义。在这里我把非科学的信仰称为"邪信"。"邪信"会阻碍个人主体性的发挥，毒害人的思想，会把我们导向歧途或邪恶。

人们应当依据某种信仰是否理智、是否现实、是否崇高、是否健全等来判断其是否科学与正确。作为职业信仰，还应当以职业对于人类社会发展的意义与价值的实质内涵来判断其是否科学。

信仰是行动之母，信仰指引着人的行动。有什么样的信仰，就有与信仰相适应的行动。信仰可以左右人生，它对于人生、事业、人格的修养都有决定性的影响。

三、"爱心育人"的职业信仰的缘起与孕育

任何信仰都不是凭空出现的，从宏观来说，信仰的出现有着深厚的历史背景和清晰的历史脉络；从微观来说，它与个人的文化背景、人生经历紧密相关。职业信仰源自我们对职业价值的理解与认知，诚如周国平先生所言：

"真正的信仰也是从智慧中孕育出来的。"①

（一）"爱心育人"职业信仰缘于孔子和陶行知的教育思想

古代的"孔夫子"、近代的陶行知给我们的启发：

1.孔子"有教无类"的教育思想

"有教无类"中"教"的原义是：对学生施加影响，而学生接受影响。"教"就是教育、教化。"有教无类"的意思是说：教育的对象应不分"贵贱""庶鄙"；不分阶级、阶层；不分年龄、地域、个性；凡是愿意学习的，统统收为弟子，都给予教育。孔子"有教无类"的教育思想在历史上打破了当时贵族对教育的垄断；促进了地域之间的文化交流；成就了一批人才。

"有教无类"思想是一种大爱。

2.陶行知"爱满天下"的教育思想

陶行知提出"爱满天下"的教育思想。他的一生都在践行他的"大爱"思想，他说："捧着一颗心来，不带半棵草去。"以这种精神去教导小朋友，总是不会错的。"爱满天下"的博爱胸襟造就了他乐于奉献的伟大人格。陶行知的教育思想博大精深，给后人留下了宝贵的精神财富。

在他的"抬头乐干"的伟大人格和"爱满天下"的博爱思想的影响下，我以"抬头乐干"作为我的人生座右铭，在教育实践中践行爱的教育。"爱心育人"成为我的教育信仰。

（二）幼儿教师"爱心育人"职业信仰的特殊内涵

幼儿教师之爱是广博而深刻的，在此，我以"五心"和"五爱"来总结。

1."五心"是幼儿教师幸福之源

（1）爱心。对幼儿有真挚的爱心，这是幼儿教师之爱的核心。本章第二

---

① 周国平.愿生命从容［M］.北京：北京十月文艺出版社，2015：173.

节将以案例的方式,全面阐释幼儿教师对幼儿爱的深刻内涵。

(2)善心。善心是一个人"德性"的情感表达。有善心还要有善行,善行是善心的外在表现。我小时候村里经常有主妇拿着容器来跟妈妈说:"我家里没有米下锅了,能不能'圆'一点(就是借一点的意思)?"尽管我们家也缺粮,但妈妈总会分出一点粮食给人家。

这就是善行,善行源自妈妈的善心。我们与同事一起工作是一种缘分,要珍惜这样的缘分,善待别人,别人也会善待你。

(3)责任心。成功与责任心成正比。很多年轻人好高骛远,不能踏踏实实地工作。工作中出现一些小问题不愿意深究,得过且过。等出现大的错误时,他们早已习惯逃避责任了,这样的人怎么可能在事业上取得成功?

(4)平常心。外在的成功不是衡量人生价值的最高标准,一个人拥有丰富的内在,做自己真正喜欢的事,乐在其中,才是衡量人生价值的最高标准。成功是一个社会概念,幸福是一个人的内在体验。只看重外在的成功而忽略内在的感受,甚至为了获取成功不择手段,那叫功利心。我的观点是在名利上持一颗平常心,不唯名利;在做事上有进取心,认真干好每一件自己喜欢的事。在做事的过程中,获得真成长。

(5)童心。幼儿教师需要童心未泯,与孩子一样纯真与快乐。上苍给予了幼儿教师得天独厚的与童年为伴的条件与机会,我们要懂得珍惜。

2. "五爱"是幼儿教师幸福之策

(1)爱生活——珍惜、向往、感恩。世上每一件事情都是互为缘起、相生相成的,无论好坏都要善加珍惜;教师要热爱生活,珍惜生活中的一切缘分,珍惜生活中的偶遇,珍惜每一个人、每一件事。惜才才能结缘、惜情才会感恩、惜财才会爱物、惜福才会慈悲。要对美好生活有向往之心,向往是一种美好的情感,是一种积极的正能量。还要会感恩、懂感恩,这是爱生活的核心要素。

(2)爱学生——信任、宽容、期待。要树立为学生的一生计深远、为社会计深远、为家长计深远的思想。教师爱学生要爱得公平，要面向全体，给所有的学生以关注和热爱。教师爱学生要爱得深刻，对学生和学生的未来负责。信任是前提，宽容是保障，期待是希望。

（3）爱思考——学习、进取、创新。教师所做的一切不仅要对学生负责、对社会负责，同时也要对自己负责。教师首先要认识到，学习是自己的事情，有学问才会有尊严。还要树立"我们不是单纯的教书匠，我们是教育专家"的意识，积极进取创一流教育业绩。教育本身就是一项创造性的事业，教师不仅是教育科学的学习者和应用者，还应该成为教育科学的研究者和创造者。

（4）爱自己——自尊、自爱、自信。自爱者才能爱人。一个连自己都不爱的人是不可能快乐的，也不可能给别人带来快乐。要善于肯定自己，建立起自信；要正视自己的一切，包括缺点，正视也是对自己的尊重。自爱就是要爱惜自己，淡泊以明志是自爱，经得起不良诱惑是自爱，乐于奉献、追求内在价值的实现也是自爱，活出自己的真性情是自爱，自立也是自爱。

（5）爱同伴——认同、欣赏、互助。人与人之间要有仁爱之心。要能够以欣赏的眼光看待同伴，以包容的态度接纳同伴的不足，以共赢心态互助共长。这就是相互关切的仁爱之心。

"超越永无止境，彼岸永远存在，如此信仰才得以延续。"[①] "生活就是生长，所以一个人在一个阶段的生活和在另一个阶段的生活，是同样真实、同样积极的……因此，教育就是不分年龄大小，提供保证生长或充分生活的条件的事业。"[②] 幼儿教育是爱的事业，爱的事业需要教育者抱持爱的信仰。因为爱，所以我们拥有积极阳光的心态，抬头乐干，在快乐做事中享受幸福。"爱心育人"的职业信仰让我们既拥有爱之心，又有爱之行。为了使爱之行更科学、更有效，我们不断探索教育的真谛，乐于奉献，勇于创新。

[①] 周国平.愿生命从容[M].北京：北京十月文艺出版社，2015：174.
[②] 赵祥麟，王承绪，编译.杜威教育名篇[M].北京：教育科学出版社，2006：125.

第五章　实践"爱心育人"的职业信仰

第二节　践行"爱心育人"的职业信仰

作为幼儿教师的职业信仰,"爱心育人"要求幼儿教师不但要有爱儿童的心,还要有爱儿童的能力与策略。也就是说既要有"爱之心",又要有"爱之策",只有这样,才能实践"爱心育人"的信仰。

"爱之心"与"爱之策"的基础是对儿童的尊重。对儿童尊重,我们的爱就会真诚,也会不断地追求爱的艺术。下面阐述的是我在从教生涯中的总结与反思。

一、爱是心灵的交流

爱来自心灵的交流。德国哲学家雅斯贝尔斯说:"教育意味着一棵树撼动另一棵树,一朵云推动另一朵云,一颗心灵唤醒另一颗心灵。"从这段话中我们可以感悟到,为人师者要有崇高的精神境界。这种精神境界可以引领着教师走进学生的心灵世界,真正成为孩子心灵的倾听者。

别处的意义

"快点!快点!这是你的枪!""你抬梯子的这一头,我来扛后面!""快把垫子搬过来,战斗就要开始了!""坦克上不了坡,你在后面推一下!"一连串兴奋的叫喊声从土坡上传了过来,孩子们正在忙碌地进行野战前的准备工作。不远处,一个男孩独自坐在休息区,双手不停地摆弄着遮阳伞,不时望向同伴,看着土坡上热闹的追逐,随即又转过身去。

男孩在休息区的身影吸引了我,接下来会发生什么事呢?我继续观察。

伞滑落下来,男孩将伞撑起,腿用力蹬椅子;伞又滑落,他再次试图用力撑起,可是又滑落,于是他开始拧动伞柄的栓扣使之固定,伞又一次滑落下来……

5分钟后，他起身来回踱步，靠近迷彩垫，又迅速退后，嘟着嘴坐回休息区。这时，两个同伴愉快地钻进了"坦克"中，男孩犹豫片刻，背对着跳向"坦克"，反手扶住"坦克"，使履带能滚动，但很快又坐回到休息区。

"庆庆，你怎么不来玩？你在生气吗？"禾禾呼唤着男孩，男孩转身置之不理。没多久，地上掉落了一顶迷彩帽，男孩先左顾右盼，后停住不动，又慢慢地蹲下来捡起迷彩帽，跳起离开，走向休息区。他将帽子重重地甩到桌上，又坐了下来。

看到他嘟着嘴生气、徘徊又犹豫、想参与又退缩，出于教师职业本能的反应，我最终按捺不住与他交流："咦，戴上迷彩帽不就是解放军了吗？"但他仍不理睬。

8分钟后，同伴将迷彩垫丢弃在一旁，男孩扫视周围，走向垫子，瞬即抬腿一脚将垫子踢翻，用脚踩地，双手环胸，转身嘟着嘴又坐了下来。他低头捂着脸，我慢慢靠近，竟发现眼泪从他眼角滑落，他立马转头将眼泪偷偷地抹去，双手托腮，凝望着天空……

45分钟过后，临近游戏结束，孩子们开始收拾整理。在人群中，我看到了男孩的身影，他愉悦且积极地与同伴一起抬着梯子，扛着垫子，不时地说着："嘿，你拿稳，别掉了！""太重了，我帮你！""我们一起扛！"

在45分钟的户外自主野战游戏中，我观察到男孩许多典型的外在行为表现，如：①独自坐在休息区，不停地摆弄遮阳伞达6次；②徘徊在游戏材料旁，试图接触材料，却又放弃回到休息区；③慢慢靠近同伴，协助同伴，但很快放弃再次回到休息区；④左顾右盼，捡起迷彩帽，却再度回到休息区；⑤用力踢翻软垫，双手环胸，嘟着嘴生气；⑥偷偷抹眼泪；⑦愉悦地收拾整理。

上述典型行为显示出了他内在极其丰富又矛盾的心理活动。我产生了一个疑问：为什么男孩一直徘徊，多次试图参与游戏，最终却默默守望呢？为了证明我的判断，事后我与男孩做了交流，得知其不参与游戏的真正原因是因为没有齐全的野战装备，这与我的判断不谋而合。

……

男孩在45分钟的游戏时间里，内心不断纠结，都是负面的游戏体验吗？其实不然。当他把遮阳伞作为情绪宣泄物的时候，在和材料的互动中，他竟有意外的发现——他逐步探究出了这把伞的升降和他蹬的力度之间的关系，以及升降与螺丝松紧的关系。

游戏的最后定格于男孩与同伴欢笑着整理的画面。其实，最美的教育最简单！

【点评：教师对独自坐在休息区的男孩的行为悉心观察，试图从专业的视角解读，适时地引导与反思其一连串的行为，没有居高临下、自以为是的"指手画脚"。当孩子的行为与众不同的时候，来自老师的尊重与认可给孩子带来心灵的交流。孩子体验到积极而有意义的生活，有助于其建立独立自主的意识与自信心。】

（本案例作者：杭州采荷第二幼儿园陈芳芳；点评者：余胜兰）

被解救的蝴蝶

初夏，我们在操场上一起玩轮胎。小朋友会说"我喜欢这个羊羊的""我喜欢那个草莓的"，然后堆堆叠叠或爬上爬下。我远远看见航航、小赖、威威、QQ糖、志轩等在围墙边看什么，我好奇地凑过去问："你们在看什么呀？"航航指着不远处说："刘老师你看，那儿有只蝴蝶被蜘蛛网困住了。"我顺着他指的方向一看，果真有一只黑色花纹的大蝴蝶被缠在蜘蛛网上，翅膀扑闪扑闪拍打着。航航说："蝴蝶被蜘蛛网缠住了，我们帮帮它吧。不然蜘蛛回来会把它吃掉的，就算蜘蛛不吃它，时间久了它也会渴死、饿死的。"其他小朋友也响应。我看小朋友都有救蝴蝶的想法，而且我平时也总跟孩子们讲要爱护生命、珍惜资源、保护环境，这不就是一堂很好的教育课嘛。"好吧，我觉得你们的想法很不错。"我知道孩子们当时是出于善良才提出这么做的，但是怎么解救成了一个难题。

这时越来越多的小朋友挤了过来，大家都忘记玩轮胎这回事儿了，自发加入解救蝴蝶的队伍中。我希望他们自己来完成这个任务。我抛出了问题："你们谁知道我们该怎么救呢？"有的说先把它的翅膀救出来，这样它就能飞了；有的说先把蜘蛛网去掉，不然翅膀还是会被缠住……"你们知道吗，蝴蝶的翅膀是很薄很脆弱的，如果我们用力过猛或工具用得不对，不仅不能帮到蝴蝶，还会伤害它，更何况我们现在什么工具都没有。"我希望能为他们的解救行动提个醒。QQ糖灵机一动："我看到树丛那儿有个树枝，或许我们可以用它来试试看。"可是蜘蛛网结在离围墙不远的角落里，树枝根本够不到。孩子们又开始犯难了，该怎么办呀？这时又有人提出传达室保安叔叔有个大叉子，或许可以试试。因为那家伙有点分量，所以大家派力气大的小赖去取。这回长度是差不多了，可是大叉子太重不好操作，别说孩子们，连我都举不了太久，而且叉子的表面太光滑，也不利于去掉蜘蛛网。两次的失败让孩子们有点气馁了，他们不知该如何是好，蝴蝶扑打得更厉害了。为了能让解救行动顺利进行下去，我提议："大家想想看有什么东西既够长，又轻？"威威说："万阿姨搞卫生用的鸡毛掸子很长，那个应该不重。""好，就它了，威威，你帮忙去拿一下吧。"威威火速取来了鸡毛掸子，他开始够蜘蛛网。差一点……差一点……小朋友们的心都提到了嗓子眼儿，有小朋友说："小心，别伤了它的翅膀。"蝴蝶飞出的那一刻，孩子们开心地跳了起来，喊着："终于解救成功喽！"

孩子日常进行的某些自发活动为我们展现出他们的兴趣点和关注点，而这些兴趣点往往是我们生发课程的立足点，也是把握教育契机的关键。我给了孩子技术上的支持，从一开始的树枝到大叉子到最后的鸡毛掸子，让他们明白物体长度和距离之间的关系。

……

【点评：当原本设计好的活动中出现了另一个有教育意义的节点时，教师该怎么做呢？案例中这位教师适时引导孩子尝试挑战。教师在突发事件中的随机教育与给予孩子们技术上的支持，建立在对儿童的爱心与好奇心的理解的基础上。孩子们心中热爱生活、热爱生命之火就会因此点燃。】

（本案例作者：杭州市丁兰幼儿园刘芳；点评者：余胜兰）

二、爱是豁达的包容

豁达是心胸开阔，能容人容事；豁达是一种大度与宽容；豁达是一种乐观、开朗；豁达是博大的胸怀和洒脱的态度；豁达的包容来自内心的爱。教师对于儿童豁达的包容就是师爱。

我们每天面对的孩子来自不同的家庭文化背景，家长的教育观不同，其后天的教育影响也各异，每个班级里都会有几个"特殊儿童"。我们该怎样去爱护这些孩子呢？以下案例展现的是教师对于这些孩子的爱与呵护。

小棉袄的故事

发生了什么

我喜欢我的小棉袄，它像妈妈软软滑滑的臂膀。
我喜欢我的小棉袄，因为里面有妈妈的味道。
不要拿走我的小棉袄，这让我感受不到温暖。
不要拿走我的小棉袄，就像抢走了妈妈的怀抱。

再次见牛牛是开学后的第二天。

那天他背着一个鼓鼓的半旧书包躲在妈妈的背后，我蹲下向他打了声招呼，准备拉他的手，而他死死拽着妈妈的衣角不松开。牛牛妈妈是个研究生，虽然对送第一次上幼儿园的孩子做足了准备，但实际情况比书中说的复杂许多，无奈之下妈妈只好留下了号啕大哭的牛牛，上班去了。

我摸了摸牛牛的头，他使劲甩开我的手。我要帮牛牛拿下书包，他拼命要咬我，并再次大哭，看来这书包碰不得。接下来的时间里，牛牛做任何事情都一直背着他的书包……

午睡时间到了，牛牛费劲地从书包里拿出一件小棉袄，紧紧地抱在怀里。蜷缩在小椅子上，我几番劝说他到床上睡觉，可他不愿意，并用大大的眼睛瞪着我，我只好放弃。鼾声四起，牛牛也打起了盹儿，眼睛刚闭上马上又睁开，警觉地看着四周。牛牛终于抵挡不住困意睡去，我轻轻抱起他，抽出小棉袄，就在一瞬间，牛牛醒了，开始拳打脚踢，我马上把小棉袄塞到他的怀里，情绪激动的他渐渐转为小声抽泣，把棉袄抱得更紧了。

我知道，和妈妈分开让牛牛无所适从，产生了不安全感。小棉袄让他感到安全和放心，因为有它就像有妈妈陪在身边。

我能做什么

让我做你的棉袄，软软的，暖暖的。

让我做你的棉袄，敞开胸怀把你紧紧拥抱。

让我做你的棉袄，陪你欢笑，陪你嬉闹。

让我做你的棉袄，成为你的朋友，你的妈妈。

十天后的一个早晨，我张开双手迎接牛牛，"牛牛早上好！"妈妈将他顺势往我怀中推了推，牛牛靠了过来。我窃喜，这是他接纳我的第一步。接下来的日子里，我不断找机会亲近牛牛：抱抱他、亲亲他的脸颊、摸摸他的头发、拍拍他的肩膀，他不再对我充满敌意，慢慢接纳了我的亲昵。我要做的是给他一个安全的心理环境，在他忧伤、高兴时亲近他，通过身体接触表达我对他的肯定、安慰。

"妈妈，我要妈妈。"牛牛拉扯着书包，眼睛红了。"哇！这是什么？是小蚂蚁，小蚂蚁在搬家呢，因为要下雨啦！"我蹲下来指着地上的蚂蚁。牛牛被我夸张的语言吸引，视线随着我的手指移动。牛牛看到了蚂蚁，忘记了找妈妈……每次活动我都用余光来观察牛牛，猜测他是不是想妈妈了。

我知道3岁的孩子比较容易情绪化，注意力容易转移。不能让幼儿出现"无聊"或"孤独"的感觉，有趣的事物能很快转移幼儿的注意力，这是减少幼儿使用依恋物的关键。

"泡泡、泡泡……"牛牛追逐着泡泡笑容绽放。可是，"吧嗒，吧嗒……"他背后的书包老是碰来碰去，"吱溜，吱溜……"背包带子总是滑下肩膀，这书包有点碍事。我灵机一动，这是一个好机会。我走向牛牛说："哎呀，书包好烦，牛牛都跑不快，跳不高啦，泡泡都飞走了，你抓不住啊。"牛牛停下脚步看着我，"嗯……老师妈妈帮你看好书包，你去追泡泡！"我试着将书包拿下，"书包就在这里，我会帮你看牢！"我用力点点头并将书包抱在怀中，牛牛迟疑了一下，但还是被泡泡吸引。拿掉书包后牛牛跑得很欢，一颠一颠抓着泡泡，但是会时不时看我一眼，我知道牛牛是不放心他的书包，不放心书包里的小棉袄。我再次用抱紧书包的动作回应他，让他看到我一直守护着他的小棉袄。游戏结束，没等牛牛开口，我马上把书包帮他背上，"小棉袄在这里！"牛牛背上书包后冲我微微笑了一下，我知道我取得了他的信任。《幼儿园教育指导纲要（试行）》明确指出："建立良好的师幼同伴关系，让幼儿在集体中感到温暖，心情愉快，形成安全感，信赖感。"只有让孩子信任，他们才能亲近老师、信赖老师，师幼才能更好地沟通、对话。

又到午睡时分，牛牛已经不拒绝小床，因为床栏杆上有老师奖励的贴贴纸。不要小看这贴贴纸，上面可是牛牛最爱的巧虎，嘘！放心，我不会告诉别人，因为这是我们的秘密。适度的奖励可以增加孩子的自信心，让他们更快地适应集体，融入集体。只是他仍不愿意躺下，只肯坐着睡。我一屁股坐在牛牛旁边，"老师好累，想和你一起坐着。"牛牛身体有些僵硬，我拉过他的手，"老师太累了，你的小手给我充充电，增加些力量吧！"这次他没有拒绝我，一大一小就这样依偎在一起，他拉着我的手靠着我睡着了，小棉袄也滑落在一旁。看着他熟睡的脸，我相信我已成为他的小棉袄。

我的感悟：在这个过程中，我们要正确看待牛牛的恋物情结，理解并接纳这种心理需求，允许牛牛带喜爱的东西来园，认可他对物品的依恋。教师可通过肢体亲近、转移注意、取得信任、适当奖励、情感代替等方式，让其逐步适应幼儿园生活。

结果怎么样

再见小棉袄，我的铠甲勇士，

曾经你赐予我力量，让我勇敢。

现在我不再需要你，因为我已经长大。

再见小棉袄，冬天已经过去，

曾经你帮我抵挡寒冷，让我温暖

现在我将用快乐的心，拥抱万紫千红的春天。

一个月后，看着操场上欢跑的牛牛，我想起前两天放学时的情景。

和牛牛来了个告别拥抱后，我突然发现："牛牛，你的小棉袄呢？""你放到哪儿了，我怎么找不到？床上也没有，你的柜子里也没有。"妈妈也看着牛牛。"我没拿！在家里！"牛牛的头低下，使劲拉着妈妈的手往教室外走，好像有些害羞。"是吗？"我和妈妈心照不宣地一笑："是的，小棉袄也是要休息的，今天一天都没有小棉袄陪伴，牛牛长大啦！"就这样，牛牛再也没带小棉袄来幼儿园，因为牛牛不再需要它了。

我的感悟：虽然小棉袄的故事结束了，但在和孩子相处的过程中，我发现孩子身边有形式各异的"小棉袄"，教师要做的就是蹲下身子，充满期待地鼓励、引导孩子，相信孩子……

【点评：读完这个故事，我非常感动。感动于教师对这个有恋物情结的孩子的豁达与包容。有了这份包容之心,教师才会耐心等待,适时引导;给予孩子充分的信任,而没有过度的关注和焦躁;使孩子在自然、没有强迫、没有刻意要求的情况下感受到来自老师的安全感,在充满安全感的环境中,孩子自己选择舍弃了依恋物。】

(本案例作者:杭州市丁兰第二幼儿园黄彩;点评者:余胜兰)

同在蓝天下

窗外飘着细雨,淅淅沥沥,熟悉的旋律再次回响耳畔,孩子们上台比赛的视频和照片在我脑海中不断回放。每一段旋律都有属于它的故事……

启 程

我和孩子们的缘分始于去年的这个时候。当时,我和另一位老师接到了参加杭州市"阳光宝宝"比赛的任务,比赛的主题是"融合"。所谓"融合"就是水乳交融,相容相合。我们一直在思考排练成品剧目。

在一次国旗下讲话中,我认识了一个特殊的孩子——康康。当他在老师和妈妈的搀扶下颤颤巍巍地走到升旗台,拿起话筒之际,我看到,很多老师都红了眼眶。康康讲得很慢,一字一句中饱含深情,一小段话他却讲了十分钟,但是在这十分钟里,其他孩子都屏息凝视,场下鸦雀无声。难以想象,这个小小的身躯里蕴含了多么神奇的力量!

这个感人的场景在我的脑海中挥之不去,"把这个场景搬到舞台上去!"我从康康的老师口中了解到康康会推轮胎,"好!把这个场景也加入舞蹈中!"精心挑选了几个孩子后,我的"原创特殊舞蹈"开始走上舞台了。

扬 帆

想象得美好,现实却艰难。由于康康的加入,我需要准备两套不同的动作,规划两套不同的舞台流动图,一套专属康康,另一套是其他孩子的。舞蹈的道具是重重的轮胎,由于康康的身体极不协调,一开始连最基本的匀速推轮胎前行都做不到,更何况是把握转弯的速度和力度。一个看似简单的推轮胎至舞台中间的动作对他来说真是困难重重！一次一次的练习，一遍一遍的磨合，可是康康推轮胎的速度完全跟不上音乐的节点，其他孩子因此没法完成后面的动作。

　　连续多次失败后，康康的鼻尖和额头渗出了细密的汗珠，"我不想跳了！"康康甩下这句话，迈着不稳的步伐向门口走去。我追上前，映入眼帘的是康康的小脸，他的眼眶里噙满了泪水。"康康，为什么不和轮胎宝宝做朋友啦？""他们，他们都在笑我，我就是，就是推不好！"我张开双臂，轻轻地把康康搂在怀里："康康，老师知道你是最棒的，他们没有笑你，他们在为你鼓劲呢！如果你不跳了，这个舞蹈就没有主角咯，再说你可不是轻易就被困难打败的人哦！老师、妈妈，还有小伙伴们都陪着你，你一定行，而且是最棒的！"康康紧紧地抱着我。

　　排练间隙，别的孩子在休息，康康却在妈妈和我的陪伴下努力地沿着地上的直线练习推轮胎。不一会儿，康康的衬衣就被汗浸湿了，但是他没有放弃，跌倒了站起来，推歪了再来一次！终于，康康能够合上音乐，推着轮胎到舞台中央。

触　礁

　　随着排练的进行，其他问题接踵而至。我发现只要康康一出场，其他孩子的动作就不整齐。为此，我单独把其他孩子留下来，一个一个地练动作、合音乐、喊拍子。但是无论之前孩子们跟着音乐跳得多么整齐，只要康康一加入，之前的努力就都付诸东流了。随着比赛日期的临近，我开始焦躁起来。直到有一天，圈圈对我说："老师，我不是跳不齐，是因为我不想让康康摔跤，我要绕开他，所以误了后面的节拍！"我愣在那里，仿佛周围的一切都静止了。是啊，每一个个体都是独一无二的存在，真正的融合不仅仅是我接纳你，而且是你进入我的世界。原来，在不知不觉中，我的天使们都长大了，学会了照顾和接纳身边的人：给康康倒水、给康康搬凳子、给康康拿牛奶、鼓励康康再来一次……

远　航

一次又一次的练习，一点又一点的进步……就这样，经历了区初赛、区决赛、市总决赛，康康最终登上了他梦想的大舞台！当孩子们在舞台上舞蹈时，我在台下默默流下了眼泪，那是开心的眼泪、敬佩的眼泪，更是幸福的眼泪。

天空把蓝色留在了每一个孩子的眼睛里，只要敞开胸怀，我们就能在同一片蓝天下相近、相通、相融……

【点评：每次读完这个故事，我都会情不自禁地眼圈湿润。我被康康倔强的坚持所感动，也被孩子们的真情接纳、包容与关爱所感动……而孩子们这份接纳、包容与关爱离不开老师的信任与坚持。就如老师最后的小结所说："只要敞开胸怀，我们就能在同一片蓝天下相近、相通、相融。"这便是师爱。】

（本案例作者：杭州市丁兰幼儿园龚晓；点评者：余胜兰）

三、爱是真诚的尊重

每个人都有受尊重的需要，孟子说："爱人者，人恒爱之；敬人者，人恒敬之。"强调的是尊重他人的重要性。普希金也曾说："尊重别人吧，你会使别人的快乐加倍，也能使别人的痛苦减半。"尊重别人就是尊重自己，就是将自信、善良和宽厚播撒在他人的心田。尊重是一种修养，一种品格；尊重别人是一种境界，是人生不可缺少的素质。

尊重孩子是教师的职业操守所在；尊重是一种理解与宽容；尊重是一种平等；尊重更是爱的表现。幼儿教师要真正做到尊重孩子，就必须把孩子当成平等的人对待。要尊重孩子的人格、尊重孩子的行为、尊重孩子的想法、尊重孩子的不一样的表现、尊重童心。

调皮的孩子也渴望被尊重

好好是个比较聪明、活泼、好动的男孩，他总爱大声喊叫或模仿武术动作打其他小朋友、抢其他小朋友的玩具。他几乎坐不住，常有小朋友告他的状，他总是被老师批评。一天，在区域活动中，孩子们都在投入地玩各种材料，我在指导其他小朋友操作水从低处流到高处时，不小心碰到了他的脸，我连忙蹲下来对他说："对不起，老师不是故意碰到你的，疼吗？让我看看。"我帮他轻轻地揉了一下，发现他眼里噙着泪花，努力不让眼泪流下来，并用一种感激的目光注视着我。过了一会儿，我听见他对旁边的小朋友说："哎，你听见了吗？老师向我说对不起了。"

在户外活动时，大家都在跳绳，好好拿着绳到边上一个人跳，我走过去对他说："好好，你好像进步不少哦！现在一次能跳多少下？我帮你数数好吗？"他点点头开始跳，我在旁边数。这时又过来了几个小朋友帮着一起数，他越跳越认真，跳到第82下时突然停住了，我问他："你怎么了？"他喘着气说："我跳不动了，腿有点痛。"我马上扶着他到边上坐下。我刚要转身，手不小心碰到了他的耳朵，我蹲下对他说："老师不小心碰到你耳朵了，真对不起，痛吗？"他摇摇头笑着说："不痛。"午饭前洗手时，他在水池边对旁边的宸宸小朋友说："郑老师今天对我说'真对不起'，你听见了吗？"

好好的话使我陷入深思，只是一句极为平常的"对不起"，居然能让他如此感动，可能我们过去对他的批评教育较多、表扬较少，在某些方面无意中伤害了他的自尊，使他产生了一定的逆反心理，也许这就是导致他常用粗暴的行为对待别人的原因。从他天真的目光中，我深深地体会到，幼儿教育要因材施教。

我们不能用衡量成人的是非标准对待幼儿，光批评是不行的，只有走进幼儿的内心世界，才能找到开启幼儿心扉的金钥匙。

尊重孩子，用赏识的目光注视他们，因为人的精神生命中最本质的需求就是渴望得到尊重。我们应时时处处用一双慧眼去发现孩子们的优点和长处，及时给予欣赏、赞美，我们的鼓励、尊重是无穷的动力源泉，甚至可能影响孩子一生！

【点评：老师的一句真诚的"对不起"在孩子的心中可以产生这么强烈的感动，充分说明孩子和成人一样需要被尊重。而老师的这句"对不起"背后是真正把儿童当成平等的人的体现。幼儿教师特别需要对孩子真诚的发自内心的尊重，它将带给孩子无穷的动力与无限的发展空间。】

（本案例作者：杭州市兰苑幼儿园郑雅丽；点评者：余胜兰）

想玩就玩，释放天性

午餐后，孩子们陆续离开座位，开始自由活动。有的两两结伴坐在走廊上与同伴闲聊；有的把玩着橡皮泥；有的拿着画笔在纸上尽情挥洒无限的想象；有的结伴做起了游戏……我和往常一样关注着孩子们。

忽然我看到竹竹小朋友在一个柜子旁把玩着什么，于是我走了过去。看到我来，竹竹的眼里顿时露出了笑容，急忙问我："老师，我可以玩拼板吗？"原来他对塑胶板产生了兴趣。这种拼板单块面积较大，平时拼接后平铺在地上，做孩子们活动的垫板用，不怎么组织孩子们玩。我同意了他的想法："好啊，当然可以。"于是他就把柜子里的塑胶板全部拿了出来，许多孩子收拾好画笔、橡皮泥加入其中，还有几个孩子把放在一旁角落里的拼板也取了出来，不一会儿拼板就被"瓜分"完了。

这时有几个孩子跑到我跟前告起状来："老师，小宝有好多拼板，我只有四块没法玩。""老师，我一块也没有，我也想玩。"……我装作无奈地告诉他们："哎呀，今天拼板就这么多，老师可没办法了，你们自己想办法吧。相信你们能行的。"

没有得到老师帮助，几个孩子只好自己想办法。只见朵朵跑到开心跟前说:"你的拼板可能拼起来不够,我这边有几块,我们一起玩好吗?"开心爽快地答应了。没有拼板的晨晨小朋友来到开心跟前着急地说:"哎呀,你看,你搭的楼房快要倒了,让我帮你一起搭吧!"开心看了看歪歪扭扭的楼房,同意了晨晨加入。室外的孩子也陆陆续续地加入玩拼板的行列。

活动室内这边一堆,那边一群,都是孩子们忙碌的身影。我走入孩子们中间,时而成为孩子们的玩伴,时而为孩子们的成功喝彩,一座座"楼房"、一个个"山洞"、一条条"马路"……在孩子们的想象和合作中一一呈现了出来。

【点评:尊重儿童就要尊重儿童的需求。在这个故事中,"自由活动"时个别孩子想玩拼板构造游戏的意愿得到了老师的尊重,从而引发了群体的活动意愿。当孩子们在活动中遇到困难时,老师耐心等待,不急于干涉,更不以自己的智慧代替孩子们的想法,而是引导孩子们自己想办法解决。当孩子们建构成功时,老师又成为孩子们的伙伴,为他们鼓劲喝彩,充分展现了老师对儿童的尊重。这种充满关爱和尊重的环境激发了幼儿积极、主动的创造,他们学习与同伴协商、交往、合作与共享,并能集中心志,内化秩序感,让意志力和活动自然结合,在体会成功的喜悦中建立自己的独立性和自信心。】

(本案例作者:杭州市丁兰幼儿园陆骁菲;点评者:余胜兰)

四、爱是平等的对话

真正的教育需要师生之间心灵与心灵的平等对话。有效的对话是一种教育的智慧,这种智慧来自教师对自然情境下每一个细节的处理与把握,来自教师日常教育中的经验积累与感悟。总体来说,需要把握四个关键词:倾听、动情、诚心、同感。

教师需要全方位倾听孩子的"声音",只有耐心、细致而专业地倾听,才能理解儿童的兴趣;只有明白儿童的兴趣,才能走进儿童的内心世界。对话是一种互动，这种互动需要老师基于儿童当下的兴趣，动之以情，需要有足够的诚心，并能发自内心认同儿童的观点，提升儿童的学习经验。这样的对话是在儿童引领下的真实的对话，而非脱离儿童真实想法的"教导"，这样的对话常常带给教师情理之中、意料之外的惊喜，让教师体验到无比的幸福感。

建构区里的小插曲

每当玩建构积木的时候，孩子们都异常兴奋。每一块小小的积木都是他们的"宝贝"，他们拼搭自己想建构的东西，和同伴们一起玩耍，一起探究。

有一天下午组织区域活动的时候，我突然听到一阵哄笑声，循声望去，原来是两个小朋友把筐子里的玩具一把把抓起来扔到地上，一边扔玩具还一边笑个不停，在一旁玩耍的小朋友们都将目光转向了他们。

原本观望的小朋友竞相模仿，一起把玩具抛到空中。看着眼前的一切，我在错愕之余冒出了一个念头："扔玩具对孩子们来说难道真的这么好玩吗？"我走了过去。孩子们看见我马上停止了手上的动作。

"你们好好爱护老师给你们的玩具了吗？"我注视着他们问。孩子们看到我一脸严肃，都不作声。

"这样好玩吗？""好玩。"一个孩子轻轻地说。其他小朋友有的低着头默不作声，有的捂着嘴巴"嘻嘻"笑。

沉思了片刻，我说道："那好吧，既然有小朋友觉得好玩，那老师今天就请你们扔玩具玩，只要想参与的小朋友，都可以尽情地扔，老师不会生气。"话音刚落，教室里就像炸开了锅一样，孩子们的叫声和玩具的碰撞声淹没了一切。

几分钟过后，教室里一片狼藉，孩子们红扑扑的脸上透着意犹未尽的喜悦。我镇定地说："好了，玩具扔完了，我们该捡玩具了吧！"孩子们看着满地的玩具有些不知所措。我笑了笑，说："没关系，老师和你们一起捡。"时间一分一秒过去，玩具被一个一个地捡进了筐里。刚开始孩子们还捡得兴致勃勃，没过一会儿，几个孩子就开始有些焦躁不安，边捡边碎碎念："哎呀，好累啊，怎么还有这么多没捡完啊！"

当最后一个玩具被捡进筐里时，孩子们都很疲惫，一屁股坐到自己的位置上，嘴里念叨着："啊，好累呀，终于把它们全都捡完了！"

看着孩子们的表情，我轻声问："那你们喜欢扔玩具还是捡玩具呢？""老师，我喜欢扔玩具！""老师，我也喜欢扔玩具。""我也是，我也是……"

"那你们为什么喜欢扔玩具，而不喜欢捡玩具呢？"我又问。

"因为扔玩具的时候很开心，捡玩具太累了！我不想捡玩具。"

我笑了笑："你们只喜欢扔玩具却都不想捡玩具，那谁把扔在地上的玩具捡回筐里呢？谁有好办法？"

"谁扔的谁捡呗。"一个小朋友说道。

"我不想捡玩具，所以我就不扔玩具。"另一个小朋友说道。

"是啊，捡玩具真的好累啊，我也不想捡玩具了……"小家伙们议论纷纷。

听见孩子们说的话，我笑了笑，温柔地对他们说："对，不扔玩具就不用捡玩具，那就没有人会累了，你们说对吗？"

"对！"孩子们齐声回答。

"还是不要扔了吧，扔玩具也没什么好玩的嘛！"

"是啊是啊，捡玩具太累了……"

从此以后，在我们班"不许乱扔玩具"不再是一句教条，而成了孩子们乐意接受并自觉遵守的习惯。与其一遍又一遍地对孩子重复说教，不如独辟蹊径，让道理行动化，让规则生活化。少对孩子说"不"，让孩子自己去发现、去感受、去辨别。

在孩子幼小的心里藏着自由、不愿受到约束的种子，但同时也藏着属于孩子的纯真和善良。教师应该引导他们埋下关心他人、自我约束的种子。

无论何种职业都会遇到瓶颈，这时候人们都会有消极倦怠的情绪，幼儿教师也不例外。面对性格迥异的孩子,要照顾他们的衣食住行、陪他们玩、教导他们知识实属不易。但在幼儿园里,温暖的、有趣的、快乐的故事每天都在上演,这些故事将成为我和孩子们的美好记忆。

【点评:教师用心"倾听",感受到了孩子们"幼小的心里藏着自由、不愿受到约束的种子",从而理解儿童"抛玩具"的行为来自内心的需求,孩子们享受的是"抛"的过程带来的快感。于是,教师顺应和满足了孩子们"抛玩具"的要求。在孩子们享受完这个过程后,面对教室里的一片狼藉,教师又身体力行示范捡玩具,让孩子们自觉自愿地加入收拾玩具的行列,并体会到捡玩具的辛苦。这件小事让孩子感受到"自由与规则"的平衡,自由要受规则的约束,需要自我控制,也需要遵守社会规则。】

(本案例作者:杭州市江干区笕桥第三幼儿园毛芳;点评者:余胜兰)

一片狼藉之后

科学区是孩子们争着要进入的热门区域之一。在那里,孩子们可以运用材料——滴管、颜料、量杯等进行实验。今天,闹闹和小葛迫不及待地准备进行科学区的实验游戏。

闹闹拿了颜料和滴管,又去洗手间取了一杯水,开始进行变色的实验,他一边操作一边兴奋地叫道:"小葛,你看,你看,我变出绿色了。"小葛看了看,也很兴奋地说:"哇,真的,我也要变。"于是,小葛也进行了变色的游戏。他们这里吸一点儿,那里吸一点儿,玩得不亦乐乎。这时,颜料变得越来越混,早已分不出来到底变成了什么颜色,桌子上、地上都是颜料和水,一片狼藉。

看到这里,我有一种想制止他们的冲动,可是,转念一想,如果那样,不就影响他们游戏的乐趣了吗?于是,我走到他们身边,假装也要进行实验。

"哇,真好玩,我能加入你们吗?"我问道。

"可以啊，欢迎加入，你看，我变了那么多颜色。"小葛开心地说道。

"是哦，真棒，可是，我觉得这里太乱了，我都没有地方操作了，而且，地上也那么湿，怎么办呢？"我问道。

"对哦，我们都看不出来自己变的颜料了！"听了我的话，闹闹说道。

"怎么办呢？那么乱。"小葛自言自语道。

"那我们先整理一下吧！我们把混的颜料和桌子上的颜料水全倒在脸盆里吧？"闹闹对小葛说。

小葛点了点头，两个人开始认真地收拾起来。

看着他们的认真劲儿，我很开心，这样的效果是我最愿意看到的。为了便于游戏后幼儿的讨论，我把孩子们操作的画面和收拾的画面用镜头记录了下来。

区域活动结束的音乐响起来了，和以往一样，我们边看刚才拍的照片，边进行了讨论。

"刚才，科学区里的小朋友玩得很开心，我们请他们说说发现了什么问题？"

"我们刚才在操作的时候太乱了，颜料拿得太多了。"闹闹回答说。

"那要怎么做呢？"我接着问。

"我们可以少拿点儿，需要多少就拿多少，不把颜料都拿出来。"小葛说。

我点点头，表示赞赏。接着，我又抛了一个问题。

"你们做实验成功了，其他小朋友要知道你们的结果，你们该怎么办呢？"

"我们可以把我们做好的拿给他们看啊。"闹闹说。

"可是，怎么保留呢？"我接着问。

"我们可以记录下来"。闹闹回答。

"不错，那怎么记录、用什么记录呢？"

"我们可以用纸记录，可以先把颜料用滴管分别滴在上面，然后把实验的结果滴在后面,这样小朋友就知道了。"闹闹想了想后说。

"你的建议真好,老师期待你们下次游戏后能看到这样的结果哦。"

【点评:故事中教师的言行时时刻刻都投射出与幼儿"平等对话"的智慧,体现了教师以幼儿为主体,充分信任幼儿。遇到问题时教师采取了三个一的策略:"慢一慢",即等待孩子,不心急地充当救火兵;"忍一忍",即相信孩子,相信他们会有办法;"懒一懒",即把问题抛给孩子,这样他们就会去思考,就有了主动建构的信心。如此,幼儿在自主游戏的同时才能获得成功的体验,真正实现自主。】

(本案例作者:杭州市九欣幼儿园童卫华;点评者:余胜兰)

五、爱是细心的呵护

《儿童权利公约》明确指出,儿童有受保护的权利、有发展的权利、有受教育的权利。我把受教育权理解为接受有质量的教育的权利。

幼儿教师面对的教育对象具有特殊性,其幼小的身体需要我们的精心呵护,其幼小的心灵同样需要我们的细心呵护。呵护是一种在意:对儿童人格的在意,对儿童权利的在意,对儿童心灵的在意;呵护是一种保护与照顾,一种爱的关照,这种爱的关照需要细心的发现、智慧的保护与引导。幼儿教师对幼儿的呵护体现在生活的点点滴滴中,体现在突发事件的智慧处理中。关注儿童日常生活中的小事,教师可以了解儿童的观点;关注细节,可以发现细节中蕴涵的多种价值。

呵护童心

我们小四班有一面用两座"房子"组成的作品展示区,我和孩子们一起给它起了个好听的名字——"巧手屋",自上而下的每一层"屋子"里都展示了孩子们的巧手童心以及无穷的想象力。每次美术活动后,我就会把孩子们的作品粘贴在"屋子"里，孩子们看到自己的作品都开心极了。可是有一天，孩子的一句话改变了这一惯例。

  一次画小蝌蚪，凯凯不认真，画面涂涂抹抹、脏兮兮的。我习惯性地把他的画挂在了"房子"不显眼的位置。没想到，凯凯露出了一脸不高兴的样子。我奇怪地问道："为什么不高兴啊？凯凯说："我……我不喜欢挂在这里。""为什么啊？"我不解地问道。凯凯还没回答，琳琳就在一旁插起嘴来："我们喜欢挂得高，因为画得好的小朋友才能挂在上面一层楼。""对呀！对呀！我的画就是挂在上面的。"悠悠自豪地说。"画得好就能挂得高，谁告诉你们的？"我奇怪地问道。小家伙们你看看我，我看看你，笑嘻嘻地跑开了……

  孩子们的话确实说得没错。为了让整个作品墙达到较好的展示效果，在挂孩子的作品时，我总是会不自觉地把几张比较好的作品放到显眼的位置。一般的或者还需努力的作品就会挂在"楼层"比较低的位置。没想到我从未说出来的心思却被心细的孩子发现了。如果小朋友们都这样想，形成了班级公认的规则，那不是打击了作品一直挂在下面几层的小朋友的积极性了吗？这件事情可不能轻视！

  每一个孩子都有自尊心，都希望能得到他人的认可。为了帮助曾被我无意中伤害的小画家们重拾信心，在之后的一次美术活动展示作品前，我组织孩子开展了大讨论。我先开了个头："我觉得我们小四班的小朋友都是小画家，每次你们的作品都会挂到'巧手屋'里展示，有的画挂得高一些，有的画挂得低一些，你喜欢把你的作品挂在房子的哪一层呢？"小朋友们一下子就打开了话匣子。琳琳、悠悠、宣宣还是坚持认为挂在"高层"好，并说："画得好的作品才能挂得高高的。""那也不一定，我就觉得挂在下面的画画得也很不错啊！"我提出了自己的想法。扬扬也同意我的意见："我觉得挂在下面好，挂在下面我可以摸得到。""我也觉得挂在下面好，我看得清楚。"牛牛说。"你们说得都没错，那下次挂作品的时候就由你们自己动手，想挂哪里就挂哪里，怎么样？"我提出了这个新建议。"好！"小朋友们异口同声地回答，那兴奋劲儿就别提了。凯凯也在一旁露出了开心的笑容。

虽然孩子年纪小，但心思却很细密。成人不经意的一个举动也许就会影响孩子的心理。就像展示美术作品这一环节，聪明的孩子能感受到老师挂作品时对作品好坏的等级分类，并以此作为衡量自己作品好坏的标准，挂得高仿佛得到了肯定，挂得低，他们心里就不好受。这样的比较对孩子而言显然是不公平的……

【点评：站在孩子的角度看问题、思考问题、理解问题，用欣赏的眼光看待每一个孩子，呵护孩子的自尊心，呵护孩子的个体差异，呵护孩子的不同发展节奏与水平。在教育过程中做有心人，敏感地发现儿童的细微变化。案例中的教师及时调整了作品展示的方式，一方面呵护了孩子的自尊心，另一方面提高了孩子作画的兴趣和信心。在与孩子相处的时候，教师需要更多地站在孩子的视角去考虑问题，细心地去呵护孩子敏感而又无邪的童心。】

（本案例作者：杭州市笕新第二幼儿园石蕾；点评者：余胜兰）

小光头变形记

"小秃子，小秃子！"一群男孩子围着洋洋大声取笑。有的孩子甚至还跑到洋洋的身边，摸洋洋的头。洋洋紧紧抱着自己的头，快步跑开。

"你们是大坏蛋。"洋洋已经开始带着哭腔了，他一边抹着眼泪，一边跑到座位上趴着不抬头。男孩子们还不过瘾，又围着洋洋大声嘲笑起来："喂，你这头真亮，不用开电灯了。""不对，他这头最像皮球了。""不对，不对，是排球！""是鸡蛋。""哈哈哈哈。"大家七嘴八舌地说着，手还不停地指指点点。"洋洋，你这发型这么酷，是不是你不会长头发呀？"教室里的气氛变得紧张而让人难堪。

一个人的修养、道德要从小开始培养，知识与道德相比较，孰重孰轻，我心中的天平十分清楚。原本，我准备给孩子们讲新课，望着这个因为生病掉光头发的洋洋，我的心里如同打翻了五味瓶，作为老师的我该怎么引导孩子呢？

我决定改变新课内容，用美德故事去感化这些原本纯真的心灵。我故意一瘸一拐地走进教室，边走边伤心地说："气死我了，刚才我在来的路上不小心崴了脚，有些小朋友笑话我是小瘸子。"孩子们一听，义愤填膺地叫起来："老师，我们去找他理论，他这样做很没礼貌！"

"老师，不能取笑别人的缺点，您别生气了！""老师，我帮您揉揉。"已经有孩子跑过来帮我了。我看见洋洋也抬起头，眼睛红红的，似乎在思索什么。看着孩子们关切的眼神，我笑着说："孩子们，老师没事，我今天想给大家讲一个小女孩的故事。"

教室里立刻安静下来。"有一个小女孩不幸得了病，她的头发全都掉光了，她好伤心呀，她不敢去上学，上学的时间要到了，怎么办呢？"

我把问题抛给了孩子们，他们开始七嘴八舌地议论起来，有的说："戴上假发。"有的说："戴上帽子。"有的说："躲在角落里。"

我琢磨着孩子们的话，提高了难度："如果你就是这个小女孩，你希望大家怎么对你呢？"一石激起千层浪，孩子身体开始往后缩，似乎自己变成了那个小女孩，有的孩子开始思索，我知道大家开始了新的角色体验。

当我讲到小女孩的同学为了生病的小女孩不伤心，一起戴上五颜六色的帽子时，教室里静得连呼吸声都能听到。

"孩子们，小女孩的同学真好，和这样的同学在一起她一定很开心！"我的话还没有说完，已经有孩子开始把头埋在桌子底下，还有的看着洋洋。我把洋洋带到我身边，对大家说："孩子们，洋洋也很幸福，因为他有我们这样一群懂礼貌的好同学，对吗？"我的眼睛扫过每一个孩子的脸庞。帅帅首先站起来说："老师，我不该取笑洋洋，我没有礼貌。""我也说了。""我也错了。"大家的小脸变得通红。洋洋抿着嘴唇，看着大家，清澈的眸子里闪着泪光。我赶紧因势利导："那我们该怎么做呢？""洋洋，给，这是我新买的飞机，我们一起玩。""洋洋,我们一起看小人书吧!"我诧异地看着这群小大人,教室里充满了笑声。

【点评:童言无忌,面对孩子们对遭遇不幸的同伴的取笑,教师该怎样对待?是忽略不计,还是大声训斥?该怎样呵护孩子幼小的心灵?又该怎样从小培养孩子良好的道德修养?这位教师能够第一时间发现孩子们的行为会造成的潜在后果;以巧妙的教育智慧引导孩子感悟人与人之间需要关爱与关心,让孩子们从小就感受生活是一种美,建构起人与人之间的关怀与爱护的桥梁。】

(本案例作者:杭州市钱江苑幼儿园顾建芳;点评者:余胜兰)

一枚好运金币

下午四点钟,接园时间到了,家长们陆陆续续来到教室,接孩子们回家。

一位奶奶笑眯眯地走进教室,"萱萱,奶奶来接你啦!"萱萱拉起奶奶的手,一蹦一跳地和我们一一挥手告别,然后径直走到衣帽间,打开自己的小柜子,整理她要带回家的东西。

"呜呜呜……"衣帽间传来了萱萱的哭声。

我闻声立刻走到衣帽间,"怎么啦?萱萱。"小姑娘不吱声,眼泪汪汪的,看起来很伤心。

"发生了什么事情?跟老师说一说!"我蹲下身来,一边帮她擦眼泪,一边安慰她。

她边抹眼泪,边哽咽地说道,"我的巧克力金币丢了,我早上放进柜子里的,现在找不到了……"话还没说完,她呜呜地哭起来了。

原来萱萱丢的这枚巧克力金币是她在开学第一天的抽奖活动中抽到的奖品。抽到这枚巧克力金币,代表新的一年"好运连连",这是一枚代表好运和幸福的金币,小朋友们都叫它"好运金币"!孩子们视这枚金币为珍宝,萱萱更是小心地呵护,将它存放在自己的小柜子里,可是没想到竟然丢了。

好运金币丢了,我们一起帮萱萱找。教室里、小朋友们的柜子里都找遍了,可还是没找到。看来好运金币是真的丢了,萱萱哭得更厉害了,奶奶怎么哄都哄不好。

孩子们一个个走了,我也下班了。走在回家的路上,萱萱的哭声依然揪着我的心。好运金币怎么会丢了呢?开学第一天,代表新的一年好运和幸福的金币怎么能丢呢?我能体会到丢失好运金币的萱萱该是多么伤心和难过!

我越想越不是滋味,决定做些什么。幼儿园旁边就是一个便利超市,我走进去,买下了一枚一模一样的巧克力金币。……

"咚咚咚……"门开了,从房间里探出一个可爱的小脸蛋,"吴老师,你怎么来了?"萱萱有点吃惊。

"萱宝贝,你的好运金币找到啦!"我把好运金币递到她的面前,小姑娘的眼睛顿时发出亮光,露出了灿烂的笑容,我把好运金币放到她的手心上。"谢谢你,吴老师。"小姑娘一下子扑到我怀里,给了我一个大大的拥抱。我紧紧地抱起她,亲了亲她的额头,贴在她耳边说:"萱宝贝,愿好运金币在新的一年给你带来健康、快乐与好运!"

走在回家的路上,回想着萱萱那灿烂的笑容,我顿时觉得步子特别轻盈,心里特别舒坦。

【点评:什么是呵护童心?什么是蹲下身来、倾听童声?我想这不仅仅是一句空头口号。面对孩子身上所发生的一些看似平常的小事,能够想孩子所想,急孩子所急,真正从孩子的角度思考,抚慰孩子的心灵,让孩子的童年充满爱的回忆……你会发现你正走进童心,职业幸福感就会油然而生。】

(本案例作者:杭州市三里亭学前教育集团吴广梅;点评者:余胜兰)

六、爱是耐心的等待

等待是一种信任,相信孩子是有能力的学习者,给予孩子自主的空间。

相信每一个孩子都是花的种子，只不过每个人的花期不同。有的花灿烂绽放，有的花则需要漫长的等待。等待是一种积极的期待；等待是把握教育时机的耐心与智慧。等待需要耐心，耐心的背后是相信的力量；等待需要智慧，智慧的背后是学识与专业的支撑。等待不是消极的旁观，等待是积极关注下的该出手时就出手；等待是一种尊重规律的淡定，等待是一种信任背后的坚持；等待是幼儿教师另一种爱的智慧。

《恐龙世界》风波记

小宝快速地走到书架面前，一脸喜悦地挑选了自己喜爱的《恐龙世界》。小朋友新新也看中了这本书，犹犹豫豫地没有说话，眼睁睁看着这唯一一本书被小宝拿走。新新很沮丧，选择了另一本讲汽车的书，眼睛却一直盯着小宝手上的《恐龙世界》，并坐在了小宝的旁边。

他们并没有产生强烈的矛盾冲突，却引起了我的关注。我决定先观察新新会以怎样的方式解决问题。

新新坐在小宝的旁边，一边看书一边关注着小宝的一举一动。而小宝则时不时发出惊叹："哇，这个恐龙很强壮！这么大。""哦，还有那么漂亮的恐龙，哇！"新新不由地被吸引，但是依旧没有开口说话。

新新还会继续等待吗？新新显然心不在焉地翻阅着自己的书，最后他终于忍不住弱弱地对小宝说："你能不能借我看一下呢？"

小宝果断地说："不行，我还没看完呢。"新新耷拉着小脸，看上去就像泄了气的皮球。小宝根本没在意新新的变化，只顾着自己看书。可是，新新又被小宝夸张的表情吸引过去了。新新再次展开了行动，他盯着小宝的脸说："那……要不我们换一下看嘛！"而小宝依然沉浸在看书的兴奋中，一边翻书一边拖长声音说："不——行——啦——"说着赶紧把书合上了。新新生气地说了一句："真小气！"新新朝我看了一眼，对我说："老师……"但这并不是教师介入的最佳时机。我投去一个信任的眼神，说："你可以自己解决的，你能行。"

小宝开心地再次把书打开，意外的事情发生了。只听见"嗤"的一声，书被撕破了一页，当小宝不知道该如何是好的时候，新新说了一句："怎么那么不小心！"说完，新新就离开了自己的小椅子，急匆匆跑了出去。

新新很快来到放修补图书工具的地方，拿来了剪刀和宽胶带，很熟练地开始修补图书。新新一把拿起破掉的书，说："我先用胶带纸粘贴一下，你帮我把书固定住。"不一会儿，书就修补好了。小宝挠挠头，不好意思地说："谢谢你，新新！我们一起看书吧！"新新开心地说："好呀！"说完，新新就把小椅子搬到小宝的旁边。两个人有说有笑地看起了这本关于恐龙的书。

【点评：虽然新新之前没有借到书，可是在意外的"修书"事件中，他通过帮助他人获得意外的收获———一起看书。这次意外事件给了新新和小宝更多对话和交流的机会，有了更多的同伴互动和交往行为。

教师要有一双善于发现的眼睛，观察了解孩子，适时做出正确的判断，捕捉教育契机，让孩子们自主解决问题。运用"等待策略"和"自然发展原则"，让教育留有空间；"适度自由"与"适时鼓励策略"相结合，帮助幼儿获得成功的体验。】

（本案例作者：杭州市丁蕙第一幼儿园华倩；点评者：余胜兰）

等 待 花 开

人们常说每个孩子都是一本有趣的书，要想读懂这本书并不容易，只有爱他们的人才能读得懂。在我的心里，孩子们更像一朵朵花骨朵儿。

新学期开始，幼儿园又迎来了一批新面孔，孩子们从熟悉、自由、宽松的家庭生活来到陌生的环境，过有约束的集体生活，会给他们带来不少压力。初到幼儿园，幼儿必然会有不安全感，他们稍不合意就会发脾气、哇哇哭闹，甚至拒绝上幼儿园……

贝尔就是这些哭闹的小朋友之一,因为爸爸妈妈年纪比较大时才有了他,因此对他非常宠爱,贝尔非常黏妈妈。新生刚入园,有很多不适应,但他在幼儿园也不表现出来。刚开学几天,贝尔一直非常乖巧,甚至还会安慰别的小朋友:"爸爸妈妈会来接你的哦!"直到两周后,贝尔每次来幼儿园就在教室门口拽着妈妈的衣服,哭着不肯进教室。

那天,贝尔又红着眼睛来上幼儿园了,他妈妈悄悄告诉我:是中饭能否少吃点、是否在幼儿园睡午觉的事,让他又不开心了。妈妈走后,我笑着对贝尔说:"贝尔,今天我们晨间锻炼玩沙包,和小朋友一起玩游戏吧!"我悄悄观察贝尔的反应,他忍着不让眼泪流出来,参加到游戏中。见此情景,我及时表扬了贝尔。中餐时,我又一次鼓励贝尔,结果贝尔快乐地吃完了中饭。餐后我跟贝尔说:"贝尔今天吃午饭可真快呀,第3名呢!回家把这个好消息告诉爸爸、妈妈,好吗?"贝尔情绪高昂地说:"好!""今天,妈妈还告诉老师贝尔在家吃早饭很慢,老师不信,我们约定明天早上很快地吃完早饭来上幼儿园,让爸爸和老师一起表扬你好吗?"贝尔说:"好!"放学时贝尔一直伸长脖子等妈妈来接。我把和贝尔的约定悄悄告诉了他妈妈,让妈妈多鼓励他,配合老师一起帮助他。第二天,贝尔第一个来上幼儿园了。

其实,像贝尔这样的孩子还有很多,当他带着不好的情绪来园时,我会先以微笑迎接他,故意忽略他的消极情绪,并通过小朋友都喜欢的事来分散他的注意力,使他忘掉不高兴的事情。之后我又在全体小朋友面前夸奖他的优点,用事实鼓励他,和他约定要开开心心地上幼儿园。现在,贝尔渐渐地适应幼儿园的生活了。

班里的孩子们就像一个个花骨朵儿,为了见证一朵朵花的美丽,我总想着再努力试试看,再坚持一下就好了。

等待一朵朵花开,赋予了我生命最大的意义,让我的岁月变得美丽惬意;等待一朵朵花开,阳光是明媚的,气息是清新的,时光是美好的,我思索着、感悟着、陶醉着;等待一朵朵花开,我给自己写下满满的期待,下一程会更幸福、更美丽！静待花开，满心期待！

【点评：这篇短文是一位幼儿教师的手记，在这篇手记中，我看到了千千万万幼儿教师的身影。"静待花开，满心期待"是幼儿教师永远的期许，在"静待花开"中满怀信心与希望；在"静待花开"中感受幸福。】

（本案例作者：杭州市钱新幼儿园夏小燕；点评者：余胜兰）

七、爱是智慧的发现

发现是教师特有的观察能力，发现更是一种教育的智慧。发现教育的生发点，开展适时适宜的教育活动；发现孩子的学习点，及时有效地引导孩子提升学习经验；发现孩子的细微变化，给予孩子细心的呵护与关怀；发现儿童有力量，给予孩子充足的自主学习的机会，培养孩子的主观能动性；智慧的发现也是师爱的体现。

树儿树儿你怎么了

拯救树木之一

一个天气晴朗的午后，我们来到一楼草地上散步，秋意正浓，草地上飘落着五彩斑斓的树叶，有红有黄，煞是好看。

孩子们捡拾着草地上的落叶，有的玩办家家，有的拿树叶"做饭"，还有的三三两两边走边看。突然，王钰琪朝我喊了起来："周老师，你快点来看，这棵树上的绳子卡到树里面去了，树都给卡出印子来了。"等我过去的时候，已经有几个小朋友围在这棵树的四周，树干上缠满了密密麻麻的毛线，这些毛线已经深深地嵌进了树干里。怎么办呢？

树干上为什么会有毛线呢？孩子们纷纷给出了自己的答案。

黄基恩说："肯定是小朋友恶作剧绕上去的。"

王钰琪马上提出反对意见："幼儿园里有老师看着的，小朋友不会乱玩，而且不是这一棵树上有毛线，好多棵树上都有毛线。"

呵呵，这小丫头还真会观察呢！

张书豪说："我知道，北方天气太冷的时候，会给小树包上稻草，这样小树就不会冻死了。"

唐语彤接着说："我在我们小区的公园里也看到过树上包着稻草，妈妈说是保护小树的。"其他小朋友也纷纷附和他们的说法。

原来这些毛线是其他班小朋友在前几年帮小树过冬绕上的，几年过去了，小树苗长大了，这些毛线就嵌进树干里了。知道这个结果后，孩子们开始若有所思……

毛线嵌进树里了，怎么办？

"周老师，我们把这些线剪掉吧。"王钰琪说。"为什么要把这些毛线剪掉呢？"我问。"因为这些毛线都卡到树里面去了，这样树会痛的，而且小树会长不大的。"何亦张说。

王钰琪的建议马上得到孩子们的一致响应，说做就做，何亦张马上上楼拿了几把剪刀，分给小朋友，大家四散开来，剪毛线的剪毛线，拉毛线的拉毛线，树上的毛线很快就被去掉了，余诗茵还去摸摸树上的印痕，好像在抚慰这些树呢！

"哦，小树得救了"！孩子们围在这些树的周围，脸上露出了开心的笑容。

拯救树木之二

上次剪掉小树上的毛线后，孩子们每次散步经过时都会不自觉地去看看那些树。这天我们又一次路过的时候，眼尖的飞飞指着树干上一个黑黑的东西问我："周老师，你看这棵树上黑黑的是什么东西啊？"我故作疑惑地说："我也不知道这是什么。""里面会是什么呢？"飞飞自言自语道。小朋友们听后都围过去，胆大的汤浩岩捡起一根树枝去戳这个黑黑的东西，戳了两下就将黑黑的东西戳破了，只见从洞里面掉出一只小小的毛毛虫。"是毛毛虫，是毛毛虫。"他们高声喊着。"毛毛虫要吃树叶的，树会死掉的，我们把树上的毛毛虫都弄掉,再找找看树上还有没有。"汤浩岩说。几个男孩子从地上捡了树枝,女孩子负责寻找,他们将树上黑黑的虫茧逐一戳破,如果虫茧太高他们够不到,就找我来帮忙。当树上再也找不到虫茧后,他们露出了胜利的微笑。

【点评:从以上事例不难看出,孩子们有着与生俱来的好奇心和探索欲,生活中的一切都是他们探索和研究的对象,教师及时肯定了孩子们的新发现并顺势而为,组织孩子开展了"拯救树木"的探究活动,引导孩子们在"探究"中求方法,在"观察"中求发展。孩子们的兴趣源于他们自己的观察与发现,教师要善于捕捉与发现这些细节中的教育生发点,并智慧地赋予其教育意义与价值。这就是对孩子的一种专业的智慧之爱。】

(本案例作者:杭州市兰苑幼儿园周淑芬;点评者:余胜兰)

生宣、熟宣大比拼

本学期染画坊的大本营又来了新的中班小伙伴,这些小伙伴没有前期经验基础。为了让孩子们能够尽快适应和参与活动,我将染画坊的第一个主题定为"玩色大课堂",即简单体验渲染,让每一个孩子都能体验到色彩的乐趣。这次渲染活动用到的材料是之前剩余的宣纸。

徐煜翔小朋友是染画坊的"老熟人"了,对染画坊的常规、操作流程等都较清楚。在操作中,他动作很快,一会儿就染好了一张。玩着玩着,徐煜翔小朋友似乎遇到了一些问题,他拿着一张宣纸蘸染料时,染料始终渗不上去。他问:"园园老师,为什么我这张纸不好染啊?颜料都染不上去,是纸不一样吗?"他还拿着两张纸比较给我看,"你看,这张纸我稍微蘸一点染料就染上去了,可是这张很难染上去。"我看了一下,发现他手上的纸与之前用的纸确实有些不一样,仔细比对之后,我发现是两种不一样的宣纸:一种是生宣,一种是熟宣。

生宣和熟宣虽都属于宣纸，却有着不一样的特性。我们染画坊的渲染活动主要用生宣，因为生宣具有柔韧性和湿染性，染料会逐渐向周围扩散。熟宣就不具备这样的特性，它没有很强的渗透性，对于孩子们的渲染来说就不是那么好的选择了。

虽说是无意中的一个小插曲，但我想，这或许就是一个好的引导契机——教会孩子们分辨生宣和熟宣。因此，在活动中间，我组织了"辨别宣纸"的小实验。给孩子们每个人发了一张生宣、一张熟宣，说："你们用染料试一试，看看这两张纸各有什么不同效果？"操作后，孩子们也都遇到了与徐煜翔小朋友一样的问题——一张容易上色，一张不易上色。在中大班孩子这个阶段，如果讲具体的生宣与熟宣特性的专业术语，孩子们并不能完全理解。我告诉他们："容易上色的是生宣，不容易上色的是熟宣，以后你们就知道怎么选择使用不同的宣纸了。"亲手尝试的小实验让孩子牢牢记住了生宣与熟宣的区别并学会了辨识方法。

反思：新学期的第一次活动，孩子自己发现的"宣纸的秘密"让染画坊的活动变得更有意义。孩子们是染画坊活动的主体，他们在操作中会发现形形色色的问题，可喜的是，孩子们有观察的能力，有解决问题的能力和学习探究的能力，会比较事物之间的不同。就像徐煜翔小朋友一样，通过发现—质疑—探索—实验的过程，孩子们发现了生宣与熟宣在渲染中不同的特性。孩子们在这样操作的过程中，能收获通过自己的实践得来的经验。对于教师来说，让孩子们更加自主，给予他们自由自主的空间和探索的机会，并与其同行，会收获更多的新意与满足！

【点评：关注细节中蕴含的教育价值与发展的可能性是一种智慧，教师的爱就体现在这样的智慧中。智慧是幼儿教师一生追求的专业发展方向。案例中的这位老师是一位善于发现教育契机并会反思的教师，诚如她在最后的反思中所说：让孩子们更加自主，给予他们自由自主的空间和探索的机会，并与其同行，会收

获更多的新意与满足！】

（本案例作者：杭州市百合花幼儿园陈园园；点评者：余胜兰）

八、爱是知心的玩伴

做中学、在玩中学、在生活中学是幼儿的学习方式，"喜欢游戏"是幼儿的天性。"以游戏为基本活动"是《幼儿园教育指导纲要（试行）》《幼儿园工作规程》《3—6儿童学习与发展指南》等一致强调和提出的要求。因此，对于幼儿教师来说，游戏的支持与指导能力是最重要的专业能力之一。我在从教生涯中一直把"做儿童的知心玩伴"作为自己的专业追求。受儿童欢迎的幼儿教师一定会是儿童的知心玩伴。这既是一种理念，也是一种专业能力。只有具备优秀的专业素养与专业能力，才能科学地爱孩子，让每一个孩子都有智慧地成长。

纸杯建筑的探究之旅

"悠悠，快点，快点，再蹦高点！"一连串兴奋的呼唤声在午睡室响起，我循声望去，朵东和球球正努力扶着高高的纸杯建筑，而悠悠举着一叠纸杯正不断地往上蹦，想让纸杯建筑变得更高（见图5-1）。

好不容易将一叠纸杯送到了顶部，纸杯建筑的底部突然散了架，"啊……"球球连忙蹲下去扶住底部，一阵尖叫声引来了童童助阵（见图5-2）。

朵东开始着急起来："上面不能再叠了，好不容易放上去，下面又掉了！"看着散落一地的纸杯，悠悠灵机一动："要不你们扶住纸杯，我把纸杯轻轻地从下面套进去！"悠悠的提议很快得到了大家的赞同（见图5-3）。

图5-1　　　　　　　图5-2　　　　　　　图5-3

底部刚叠加了几个纸杯，整个纸杯建筑又开始摇晃起来，"啪"，上面的纸杯又掉了好几个。无奈之下，悠悠再次努力尝试蹦高来解决困难，可是还是无能为力（见图5-4）。

我说："如果有办法能让自己变得更高就好了！"

悠悠朝四周望了望，突然兴奋地跑向活动室……悠悠站在搬来的小凳子上，终于成功地在顶部加了两个纸杯（见图5-5）。

"哇，太好了，终于成功了！"欢呼声很快引来了多多和泽泽的注意，两人争着也要一起来拼搭，可是……纸杯建筑越搭越高，也越来越弯，眼看着又要倒下来了，"啊，要倒了，快点快点！"孩子们焦急地喊叫着（见图5-6）。

图5-4　　　　　　　图5-5　　　　　　　图5-6

看着孩子们兴奋又慌张的样子,我故作镇定,在一边静静地关注着……我坚信:孩子们已经解决了那么多的困难,肯定不会轻易服输。果然,面对倒塌的纸杯建筑,孩子们并没有放弃,又耐心地将纸杯重新叠在一起。

"我们要想个办法让纸杯不会弯,这样搭再高也不会倒!"朵东提议。泽泽突然激动地说:"我们可以把纸杯靠在墙壁上,纸杯靠住了,就不容易倒!"孩子们又开始忙活起来(见图5-7)。

很快小伙伴们都聚拢来,七手八脚地一起帮忙(见图5-8)。朵东笑起来:"好高呀,好高呀!"

图5-7　　　　　　　　图5-8

看着兴奋的孩子们,我悄悄地在场地的一角放了一把长尺。眼亮的旻逸很快就发现了它,兴奋地说:"我们一起来量一量这个纸杯建筑到底有多高吧!"可是刚开始量,纸杯又倒下来了(见图5-9)。

"这样太难量了,我们还是把它平放到地上,这样就不怕它再倒了!"童童提议说。小伙伴们又小心翼翼地合力将纸杯建筑平放到地上(见图5-10)。

第五章 实践"爱心育人"的职业信仰

图5-9　　　　　　　　　　图5-10

测量重新开始，孩子们迫不及待地尝试着……我惊喜地发现：孩子们在测量时能分工合作，用小手抵住尺子的末端，一段一段地进行测量（见图5-11、图5-12）。

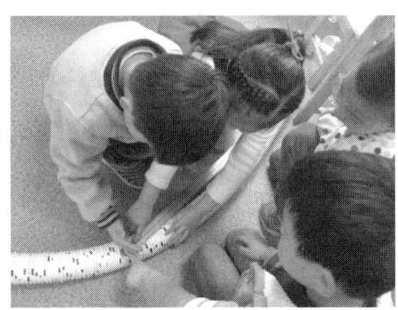 

图5-11　　　　　　　　　　图5-12

我思索着：尽管孩子们已经掌握了一定的测量方法，但由于缺乏生活经验，不知道测量拐弯的纸杯是不准确的（见图5-13、图5-14）。于是我提出疑问："纸杯转弯的地方并没有被测量到，这样量准确吗？"悠悠沉思了片刻，大声说："我们把尺子也弯起来。"

图 5-13　　　　　　　　　　图5-14

很快孩子们又碰到了新的问题,靠墙的纸杯很难测量。晨晨将尺子伸到了墙上(见图 5-15、图 5-16),泽泽着急地说:"这样量肯定不对,墙壁又不是纸杯。"晨晨委屈极了:"可是尺子怎么弯也量不到这些纸杯呀!"

图5-15　　　　　　　　　　图5-16

我决定先不着急给予孩子们帮助,而是继续静静地关注……

小胖找到了一根绳子,不确定地说:"你们看,绳子可以弯,我们要不先用绳子量一下纸杯,再用尺子量这根绳子的长度。""对对!"孩子们再一次兴奋地欢呼起来(见图 5-17、图 5-18)。

图 5-17

图 5-18

量着量着,童童突然着急地大叫起来:"你们怎么都没有做记号呀,我都白量了!"孩子们你看看我,我看看你,冥思苦想起来。

"我们可以不用绳子,将纸杯直接排成一条直线不就可以量准确了吗?"沉思一段时间后,旻逸笑眯眯地说,孩子们顿时雀跃起来(见图 5-19)。

这下终于量出来了。"老师,你知道这个纸杯建筑有多高吗?"我问:"有多高呀?""哈哈,106 厘米哦,也就是1 米加 6 厘米哦!"旻逸兴奋地回答。

图5-19

【点评:幼儿在游戏的过程中肯定会遇到困难与认知冲突,正是这些困难与冲突调动了幼儿的好奇心与探究欲。教师不妨做一个安静的观察者,等待他们通过自己的努力获得成功。当幼儿遇到瓶颈时,教师也可以给予他们一些适当的暗示。

安静地观察、静静地等待是支持,适宜的暗示是支持,有效的指导也是支持。在幼儿游戏的过程中,教师要顺应儿童的心理需求,做出即时的判断,以满足儿童充分自主为前提,以保障儿童的"真游戏"为标准,这只有知心玩伴才能做得到。】

(本案例作者:杭州市百合花幼儿园沈湘瑛;点评者:余胜兰)

蚯 蚓 日 记

4月1日　星期五　天气晴

抓 蚯 蚓

前一天晚上下雨了。今天早上孩子们入园时发现地面上湿湿的，于是都跑到外面去感受新鲜空气。潘彦博兴奋地跑过来，拉着我说："老师，你看，地上有……"

"这是什么呢？"我问道。

"这是小蛇。"苒苒说道。

"不对，这是泥鳅。"阳阳说。

"这是蚯蚓。"甜甜很肯定地说道。

"对，对，这是蚯蚓，我们来抓蚯蚓吧！"小唯邀请大家一起来抓蚯蚓。

"这里有一条，那里也有一条。"

"这里有一条长长的。"

"有一条小的。"

"……"

显然，孩子们对蚯蚓充满了兴趣。教育就是"追随孩子"，于是我给孩子们提供了装蚯蚓的小盒子和小瓶子。小俊从旁边捡来一段短短的树枝，轻轻地挑起蚯蚓，可是蚯蚓挣扎着从树枝上掉了下来。小唯用一张纸巾裹着手去抓蚯蚓，苒苒被突然挣扎的蚯蚓吓了一大跳。昕昕的胆子最大了，她很快抓起一条蚯蚓，放进小盒子里。笑笑在旁边看了一会儿，也学着昕昕的动作，抓起了蚯蚓（见图5-20、图5-21）。不一会儿，小盒子里装满了蚯蚓。

图 5-20　　　　　　　　　图5-21

发现蚯蚓的秘密

我将孩子们抓来的蚯蚓放在了自然角里。在点心环节,孩子们讨论起了这个话题。

"我抓了一条很长很长的蚯蚓。"

"我在那边(墙边)抓到了蚯蚓。"

"我在地上抓到了很多!"

"可是蚯蚓从哪里来的?"诗逸问同一组的小朋友。

"蚯蚓有嘴巴吗?"笑笑也问道。

我们何不开展一次关于蚯蚓的主题活动,记录下孩子们的发现与感受?我将孩子们集中起来,让他们说一说"蚯蚓的秘密"。我用图画的方式帮助孩子们记录他们的发现(见图 5-22、图 5-23、图 5-24)。通过讨论和记录,孩子们对蚯蚓的外形有了初步的了解。

 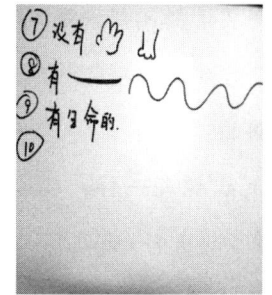 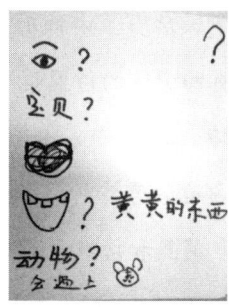

图5-22　　　　　　　图5-23　　　　　　　图5-24

4月5日　星期二　天气多云

绘本阅读《蚯蚓日记》

幼儿学习经验的获得既可以通过直接经验（自主探究和发现）获得，也可以通过间接经验（收集资料来寻求答案）获得。针对孩子们前几天对蚯蚓探究的兴趣与疑惑，我在图书区投放了绘本《蚯蚓日记》，希望孩子们能通过阅读绘本寻求答案。正如我所期望的，孩子们在阅读绘本之后，对蚯蚓的疑惑有了解答：

"蚯蚓是生活在泥土里的。"

"它没有手和脚。"

"它会钻洞。"

"它是吃纸的。"

"蚯蚓不能倒立。"

"它的头和尾巴是一样的。"

……

孩子们通过自主阅读《蚯蚓日记》不仅找到了答案，还产生了一些新的疑问。

4月6日　星期三　天气阴

曲着走路的蚯蚓

午饭后自主游戏时，笑笑选择阅读《蚯蚓日记》这本绘本。她指着其中的一页和旁边的诗逸说道："你看，蚯蚓是这样走路的。"

诗逸说道："是爬着走路的。"

旁边的睿睿伸过头来说："像蛇一样，爬着走路。"说完还在地上学起了蚯蚓。笑笑和诗逸也跟着学了起来……

孩子们对蚯蚓的认识越来越多，已经从对外表的探究逐渐转向对其运动方式的探索。我何不利用这样的契机，让孩子们观察蚯蚓，画一画蚯蚓走路留下的痕迹呢？于是我们在自然角里继续观察蚯蚓，孩子们的发现又进了一步。

"蚯蚓有时候是直直地走路。"

"我碰了它一下，它就缩起来了，吓我一跳。"

"它扭呀扭的。"

"它走过的地方，会留下白白的东西。"于是我们共同设计了"曲着走路的蚯蚓"的集体活动。我们的观察记录如下图：

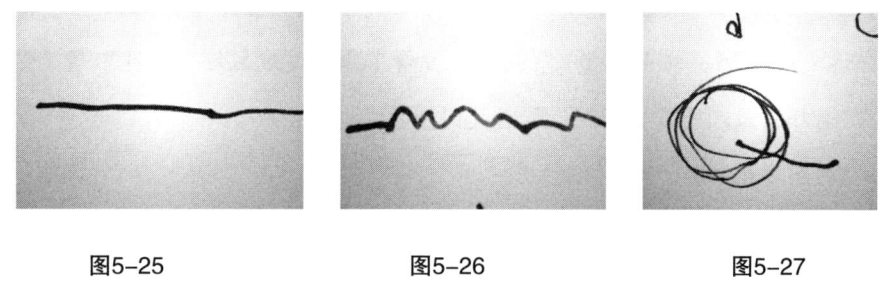

图5-25　　　　　　　图5-26　　　　　　　图5-27

4月7日　星期四　天气晴

有粗有细的蚯蚓

"老师，蚯蚓是有大有小的。"潘彦博晨间活动时对我说。

"什么样的蚯蚓是大的？"我问。

"这条就是大的。"他指了指其中的一条说。

"为什么这条是大的？"

"这条大，这条小。"潘彦博比较了之后告诉我。

显然这个孩子有了比较清晰的大小概念，但是对粗细概念比较陌生。而这两组概念是可以关联的，通过大小概念可以联系粗细概念。于是我引导说："这条大的身体比较粗，那条小的身体比较细。"

"嗯，粗的、细的。"

……

"陈俊杰，你看这条粗的蚯蚓。那边一条是细的。"潘彦博告诉同伴。

小班孩子对粗细的概念是比较陌生的。孩子们已有的知识结构是教育的起点，教师的引导可以使新旧概念之间建构起一种连接，从而使幼儿掌握新的概念。

4月8日　星期五　天气晴

蚯蚓是怎么死的

下午孩子们一起床就跑到自然角里去观察蚯蚓。可是很快他们跑过来大声告诉我："老师，蚯蚓死了！"我走过去看了看，发现蚯蚓一动也不动了。

"老师，蚯蚓是怎么死的？"晨晨问道。

"它是渴死的！"萱萱说道。

"它是挤死的。"（因为很多蚯蚓缠绕在一起）妍妍说道。

"它们是热死的。"昕昕说道，"因为天气热起来了，所以就热死了。"

"可能是累死的，因为它们想从瓶子里面爬出来。"小唯这样猜测道。

蚯蚓死了，孩子们自然想要寻找死亡的原因，而他们已经在前期做了大量的猜测，我决定创造机会让他们来验证一下自己的猜测。于是我问孩子们："蚯蚓喜欢住在什么地方？"

"泥土里。"孩子们异口同声地回答。

"喜欢湿湿的泥土，还是干干的泥土？"我追问道。

有的孩子说喜欢湿湿的泥土，有的说喜欢干干的泥土，有的干脆回答不知道。"那我们去泥土里面找找蚯蚓吧！"我给孩子们提出建议。

"老师，我找到一条。"潘彦博兴奋地告诉大家。孩子们一蜂窝地涌向潘彦博。

"你从哪里找的？泥土是干干的还是湿湿的？"我提问。

"是湿湿的，要往下挖深一点，就能找到了。"他向大家解释道。孩子们陆续在湿湿的泥土里找到了蚯蚓。

"蚯蚓喜欢湿湿的泥土还是干干的泥土？"我再次提问的时候，孩子们自然就知道答案了。

"那为什么装在瓶子里的蚯蚓会死掉呢？"我问。

甜甜想了一会儿说："因为瓶子里没有泥土，蚯蚓喜欢湿湿的泥土。"

儿童是天生的科学家，在寻找蚯蚓死亡原因的过程中，他们的思考不正是经历了猜测——验证——结论这样的科学思维吗？

蚯蚓可以复活吗

"那我们在瓶子里装点泥土吧，这样蚯蚓就可以活了。"笑笑提出了办法。

"对啊，这样蚯蚓就可以活了。"小粽子也同意。

"死掉了就是死掉了啊！"萱萱有点伤感地说。

这几天孩子们观察蚯蚓、认识蚯蚓，对他们而言蚯蚓是很可爱的朋友。朋友的死亡让这些幼小的心灵感受到伤心与难过，他们想挽救蚯蚓，但是不理解生命逝去，就一去不复返。这是一个沉重的话题，但是我们不应该回避这个话题。这是一次生命教育的契机。我希望孩子们能够保护小动物，并能处理好小动物的遗体。于是我提出应该好好埋葬这些蚯蚓。"我们应该怎样来埋葬这些蚯蚓呢？"

"把它们送回家吧！"双胞胎建议道。

"我们应该把它们送回泥土里去。"小粽子想出的办法得到了大家的认可。

4月11日　星期一　天气晴

蚯蚓的后续

星期一地面上又是湿湿的，蚯蚓们出来晒太阳。孩子们看到蚯蚓还是很兴奋，用手抓一抓，碰一碰。只不过，最后他们都轻轻地将小蚯蚓送到泥土里。"因为蚯蚓喜欢泥土。"潘彦博说。我们的蚯蚓日记还在继续……

【点评：由于一位小朋友偶然发现了蚯蚓，引发了孩子们对蚯蚓的兴趣。教师基于"教育就是追随孩子"的教育观,追随儿童的兴趣,激发孩子一次又一次对蚯蚓深入探究。教师始终以玩伴的身份和孩子们一起玩、一起探究,成为孩子学习的支持者与推进者。

当发现孩子们对蚯蚓有极大的兴趣时,教师及时为孩子提供工具抓蚯蚓;当孩子们对蚯蚓产生很多疑惑的时候,教师和孩子们一起讨论并记录下观察的结果,同时为孩子提供绘本,和孩子一起查阅学习;孩子们的兴趣越来越浓,问题越来越多,观察与讨论一次次跟进,教师始终是那个在孩子们中间的知心玩伴。】

(本案例作者:杭州市澎博幼儿园卢英、孔雅;点评者:余胜兰)

本章小结

本章要向读者阐释的是作为职业人一定要有职业信仰,职业信仰可以带我们走向幸福之路,以"案例+点评"的方式,阐释了"爱心育人"八个方面的内涵:爱是心灵的交流;爱是豁达的包容;爱是真诚的尊重;爱是平等的对话;爱是细心的呵护;爱是耐心的等待;爱是智慧的发现;爱是知心的玩伴。幼儿教师"爱心育人"之策来自每天与孩子在一起的各种互动。当我们抱着"爱心育人"的职业信仰,就会有不同的"爱之策"、"爱之行"。

【本章参考文献】

[1] 苏霍姆林斯基.给教师的建议[M].杜殿坤,编译.北京:教育科学出版社,2013.

[2] 赵祥麟,王承绪,编译.杜威教育名篇[M].北京:教育科学出版社,2006.

[3] 周国平.愿生命从容[M].北京:北京十月文艺出版社,2015.

[4] 周洪宇.陶行知生活教育导读[M].福州:福建教育出版社,2013.